青山学院大学総合研究所叢書

日本・モンゴルEPAの研究
― 鉱物資源大国モンゴルの現状と課題 ―

岩田伸人 編著

松岡克武／櫻井雅夫／カール・レンツ 著

文眞堂

ビ砂漠地帯を活用するために「(ゴビ) 砂漠共同体」なる EPA に似た体制の構築を提案する。

2013 年 2 月

編者

目　　次

まえがき

第1章　鉱物資源エネルギーから見た日本・モンゴルEPA の現状と課題 …………………………………………1

　第1節　はじめに …………………………………………………… 1
　第2節　モンゴルの FTA・EPA ………………………………… 4
　第3節　鉱物資源大国モンゴルの EPA／FTA 交渉 …………… 5
　第4節　日本を含む近隣諸国との関係 …………………………… 7
　第5節　タバントルゴイ石炭鉱床をめぐる交渉 ……………… 10
　第6節　日・モ EPA の課題と展望 …………………………… 12

第2章　モンゴルの経済発展に伴う諸問題と解決の方向性 ……… 14

　第1節　モンゴルの経済発展に伴う諸問題 …………………… 14
　第2節　製造業とサービス業の現状と課題 …………………… 38
　第3節　海への出口の問題 ……………………………………… 49
　第4節　モンゴルの経済開発における課題への対処と日本の
　　　　　協力の方向 ………………………………………………… 53

第3章　資源大国モンゴルのナショナリズムと投資規制法
　　　　　―日本・モンゴル EPA の視点から― …………………… 61

　第1節　はじめに ………………………………………………… 61
　第2節　価格交渉力の弱いモンゴル …………………………… 63
　第3節　WTO 加盟前後のモンゴル …………………………… 64
　第4節　鉱物資源法 ……………………………………………… 65

第 5 節　2012 年モンゴル総選挙と資源ナショナリズム ……………68
　第 6 節　中国・国営企業（Chalco）によるモンゴル鉱山の
　　　　　買収計画 ……………………………………………………69
　第 7 節　モンゴルの外資規制法 ……………………………………71
　第 8 節　中国の資源メジャー「チャナルコ」（Chinalco）…………72
　第 9 節　アイバンホー・マインズ社とロバート・フリードランド……74
　第10節　おわりに ……………………………………………………76

第 4 章　鉱業分野における政府＝外国投資家間紛争
　　　　　―ドルノド・ウラン事件を中心に― ………………………77

　第 1 節　はじめに ……………………………………………………77
　第 2 節　鉱業向け投資に係る法と政策 ……………………………77
　第 3 節　鉱業関係法令の改廃 ………………………………………89
　第 4 節　鉱物資源法 …………………………………………………95
　第 5 節　紛争事例―ドルノド・ウラン事件 ………………………98

第 5 章　EU・日本・モンゴルによる「砂漠共同体」設立の
　　　　　提案 ……………………………………………………………113

　第 1 節　はじめに ……………………………………………………113
　第 2 節　地球温暖化の恐ろしさ ……………………………………116
　第 3 節　エネルギー論争 ……………………………………………124
　第 4 節　「モンゴルのゴビ砂漠からのエネルギー」の基本 ………133
　第 5 節　モンゴルに関する基本情報 ………………………………151
　第 6 節　ゴビ砂漠での Desertec 計画の目的と段階 ………………156
　第 7 節　「砂漠共同体」（Desert Energy Community）の提案 ……172

第1章

鉱物資源エネルギーから見た
日本・モンゴル EPA の現状と課題

第1節　はじめに

　日本のFTA・EPAの基本戦略は，当初は「貿易利益の拡大」に重点が置かれていたが，その後，「資源エネルギーの確保」に加えて，2010年10月のAPEC横浜会議を境に，TPPに象徴される国家安全保障またはアライアンスに関わるEPA締結も視野にいれた交渉へと拡大されつつある。

　モンゴルと日本が締結しようとするEPA（経済連携協定）は，長期的に見れば，日本にとっては石炭（コークス炭）のみならずレアメタルなどの鉱物資源の権益獲得，モンゴルにとっては環境保全効果および雇用創出効果のある日本の技術（テクノロジー）を，現地進出の日本企業を経由して活用できるという利点がある。

　歴史的には中国とロシアという2つの大国から政治経済的な影響を受けてきた親日国家モンゴルと，北東アジア地域でのネットワークが弱い日本の両国が，EPA締結を通じて連携することが出来れば，両国一体での北東アジア地域でのプレゼンスが強化され，TPPのようなタイプとは別のアライアンスが形成される可能性がある。日本の技術によるモンゴルの環境保全効果が大きいほど，隣国中ロにとっても好ましい日・モEPAとなる。

　本章で扱う日本・モンゴルEPA交渉は，表面上は両国が共に経済・貿易上の利益を享受する目的でスタートしたが，望ましいのは北東アジア地域の政治経済的な安定および地球環境の保全に寄与するFTA・EPAである。日本とモンゴルがEPAを締結することには，両国の貿易利益の確保に加え

て，北東アジアの環境保全への貢献など中国・ロシアにもプラスとなる様々なメリットがある。

●日モ EPA の経緯

1990年代後半より，モンゴル政府は中国・ロシアからの政治・経済的な圧力を緩和する意図もあり，それ以外のパートナー国（米国，EU，日本，韓国）を「第三の隣国」と総称して，政治経済的な連携強化を目的にFTA（EPA）の締結可能性を模索してきた。

> ロシアは，モンゴルに対して重油，ガソリンなどほぼ全てのエネルギーを独占的に供給しており，モンゴル側の複数の民間エネルギー輸入業者向け輸出価格を自由に操作できる立場にある。他方，中国はモンゴル経済を長らく支えてきたエルデネト鉱山[1]の銅鉱石を独占的に輸入しているため，モンゴル産銅鉱石の価格決定権は中国側にある（今後はこれにオユトルゴイ金銅鉱床が加わる）。
>
> アメリカは，北東アジアに位置するモンゴルとの政治経済的な結束を強めることが，結果的には自国に有利な形で同地域の安定を維持できると考えている。こうした状況下，モンゴル政府は，当初より米国，EU，日本，および韓国を（中国とロシアに次ぐ）「第三の隣国」と総称して，中・ロの圧力から逃れようとしてきた。

その方策の1つとしてモンゴル政府は，1991年8月の海部首相（当時）のモンゴル訪問を契機にモンゴルに対する最大のODA拠出国となった日本に対し，2007年2月に"FTA・EPA"の締結を要請した。

日本政府（安倍首相）は，モンゴル政府（エンフバヤル大統領）から締結の要請を受けて日モ官民合同協議会を2007年にスタートさせた。同協議会は，当初より「貿易投資」と「鉱物資源」の2つに分けて開催されてきた。主管轄省庁は，日本側が経済産業省，モンゴル側は産業通商省（当時）で

---

[1] 本書では「鉱山」と「鉱床」を同じ意味で用いる。

あったが，2008年の省庁再編に伴い「外交・貿易省」へ移管されて，現在に至っている。

官民協議会は，第一回（2007年：東京），第二回（2008年：ウランバートル），第三回（2009年：東京），第四回（2010年：ウランバートル），第五回（2011年12月：東京）と，両国の首都で交互に開催されてきた。当初は，モンゴル側が交渉に積極的であって，日本側は，モンゴル政府のFTA・EPA締結への関心を受けて，これに関わる情報やアドバイスを行うという姿勢で，鉱物資源（TT鉱床の石炭）の権益確保を期待しながら，粛々と慎重な対応をとっていた[2]。

2011年になると，逆に日本側がTT鉱床の権益確保とEPA締結をセットにするかの姿勢で交渉に臨み，モンゴル側は鉱物資源の大口需要家である中国，政治的配慮が不可欠なロシア，およびビジネス全般で交流のある韓国の出方を見ながら，日本との交渉に臨むという慎重な姿勢へと両国の立場は逆転している。

こうした日本とモンゴル両国のEPA交渉における立場の逆転が起きた背景には，モンゴルの鉱物資源に対するニーズが高まる中，モンゴル政府・国会議員（定足数76名）がこれを2012年開催の総選挙に必要な資金集めの手段として戦略的に活用し始めたことがある。

資源大国となったモンゴルからすれば，遅々として進まない日本とのEPA交渉から得られるであろう将来のメリットよりも，自国内の鉱物資源（OT鉱床およびTT鉱床）の中国向け輸出による年率15～20％の経済成長から得られる現実的メリットの方が大きく見えるのは当然かもしれない。

今や日本は，モンゴルの鉱物資源の獲得競争に参加する近隣諸国（中国・ロシア・インド，ブラジル，日本，韓国，EUなど）の中の1国に過ぎない

---

[2] 日モEPAに関する共同研究グループ報告書には，2007年2月に両国政府が「今後の10年に向けた日モ基本計画」に合意し，FTA・EPA締結へのモンゴル側の関心を受けて，日本がモンゴル側への情報提供や準備のためのアドバイスを行うとしている。さらに2009年7月には，バヤル首相が麻生首相（いずれも当時）へEPA締結を提案し，同年12月には両国の関係大臣間で共同研究グループの立ち上げに向けた公式協議を行う旨，決定した。

2010年11月9日，日本政府はモンゴルとのEPA交渉開始に向けた作業をスタートする旨決定し，共同研究グループは2010年6月，2010年11月，2011年3月の3回開催された。

との感がある。

　モンゴルの優位性は，中ロとの等距離外交を維持しながら，国内の鉱物資源が当面は枯渇しない保証がある限りにおいては安泰である。しかし，モンゴルが直面している現実の課題には，所得格差の拡大，雇用の不足，製造業の未発達，都市への人口集中と地方の過疎化による領土保全の悪化，など決して少なくはない。

　こうした現状に鑑みれば，モンゴル側が日本とのEPA形成において念頭におくべき課題は，次の2つであろう。すなわち，日モFTAは，中国とロシアからの圧力を緩和する効果があるか否か，および今の一次産業（鉱物資源）依存型から脱却して付加価値の高い新しい産業創出型経済にシフトする効果があるか否か，である。モンゴルは東洋のスイスと称される素晴らしい大自然に恵まれており，これをリゾートや観光サービスさらに領土保全に生かすには，日本企業のサービス・ノウハウが活用できるはずなのだ。

第2節　モンゴルのFTA・EPA

　モンゴルは2012年現在，自由市場経済の維持・拡大を目指すWTOの加盟153カ国・地域の中で唯一，何れの国ともFTA・EPAを締結していない。その理由としてこれまで掲げられていたのは，第一に，1992年の憲法改正から間もない市場主義経済国家であり，国内市場も人口約270万人に過ぎない小国であること，第二に，仮にモンゴルがFTA・EPAを締結して関税を撤廃しても，物資は中国・ロシアいずれかの鉄道路線を必ず通過せねばならず，その際の輸送コストが加算される結果，本来のFTA・EPAによる経済効果が弱まること，第三は，モンゴルの輸入関税率が一律原則5％と（途上国にもかかわらず）既にかなり低い水準に設定されているのに，パートナー国側がモンゴルとFTA・EPAを締結すればモンゴル側は関税撤廃をせねばならず，輸入急増により貿易利益が減少すること，など経済的要因であった。だが実際に，モンゴルとの関係を強化しようとする国々が獲得したい

のは，関税の相互撤廃によって直接・間接に生じる経済的利益のみではなく，モンゴル国内の鉱物資源をめぐる権益の長期的確保と，中ロに囲まれたモンゴルの地理的条件を活用して政治的便益を獲得することにある。前者には，主に日，中，韓およびEU，後者にはアメリカとロシアの国家戦略が関わる。

最近ロシアは，モンゴルを含めて旧ソビエト連邦の諸国に，ロシアが主導する関税同盟（Customs Union）への参加を呼びかけているが，ガソリンや重油の供給をロシアに全面的に依存しているモンゴルは，長年にわたってロシア政府が戦略的に課すエネルギー輸出税に苦しめられてきたこともあって，これにも参加する動きはない。また中国・ロシアなど中央アジアの社会主義諸国を中心とする上海協力機構（SCO）においても，モンゴルは米国との友好関係を保つためにも今の「オブザーバー」としての地位を堅持するものと見られる。

こうしたモンゴルのバランス外交の賜物ともいえる特殊な状況に鑑みれば，日モEPAもまた中国・ロシアという2大国へマイナス効果を与えない政治経済的な仕組みが望まれるのであろう。

第3節　鉱物資源大国モンゴルのEPA／FTA交渉

東アジアに位置する市場経済国家「モンゴル国」（Mongolia）は，国土面積が日本の約4倍，人口はわずか約270万人，年間の気温高低差が最大50〜60°，中国とロシアの超大国に完全に囲まれた内陸の小国家である。過去にモンゴル（蒙古）帝国（1206〜1388年）として世界を制したが，その後は1920年代の初頭に当時のソビエト連邦（赤軍）の支援を受けて独立した後，ソ連崩壊までの約70年間，親ソの社会主義国家「モンゴル人民共和国」（旧名称）として存続した。

1991年12月25日に起きたソ連大統領ゴルバチョフの辞任に伴うソ連邦崩壊とCOMECON（経済相互援助会議）の消滅の前年（1990年），モンゴルでは，それまでの社会主義政党「人民革命党」（2011年に「人民党」に改称）による一党独裁制から，新たに結成された「民主党」などからなる複数

政党制を導入し，1992年1月には新憲法が制定され，同年2月には新たな国名を「モンゴル国」へ変更するなど，急速な民主化・市場主義経済化の機運が平和裏に全国へ浸透していった。

1997年，モンゴルはWTO（世界貿易機関）に加盟すると同時に，原則全ての関税を即時に撤廃した。しかし近隣の中国などからの輸入急増により国内経済に弊害が現れたため，数年後には，全ての品目の輸入関税をいったん7％に引き上げ，その後，今日に至るまで一部の例外品目を除き一律原則5％という途上国の中でも低い輸入関税率へ設定している。なお，小麦や野菜（ジャガイモ，キャベツ，玉ネギなど）といった一部の農産品にはやや高めの15％の季節輸入関税が設定されているが，最近まで国全体としての食料自給率は，日本と同様に低かった[3]。しかし2008年からの増産計画によって今では主食用の小麦とジャガイモは自給率100％に達している。さらには，中国政府がモンゴル産農産物の輸入関税を一方的に撤廃したとの情報もあり，今後は中国向け輸出も視野に入れた農産物の増産が進む可能性がある。

他方で，世界的なエネルギー・鉱物資源の需要逼迫の下，2009年10月には外資企業（アイバンホー・マインズ社およびリオ・ティント社）とモンゴル政府間で締結されたオユトルゴイ金・銅鉱床（略称「OT鉱床」）[4]の採掘

---

[3] 2009年時点で，小麦20万5,800トン（国内自給率50％），ジャガイモ14万2,100トン（同100％），野菜8万600トン（同49％）であった。最近，中国政府は小麦・野菜などのモンゴルからの農産物輸入関税を一方的に撤廃したため，現在モンゴルの小麦自給率は100％に達したと云われる。それまでは小麦の自給率アップに向けて助成金の支給などが検討されていた。

[4] 2009年10月6日にリオ・ティント社，アイバンホー・マインズ社，およびモンゴル政府（ゾリグド鉱物資源エネルギー大臣），の間でオユトルゴイ鉱山「投資契約法」が調印された。2013年から本格始動し，2018年に稼働率がピークに達するとされる。同鉱山は露天掘りで，埋蔵量は銅2,540万トン（年間採掘量45万トン），金1,028トン（同33万オンス），銀5,144トン，モリブデン8万1,600トンと見込まれている。中国との国境から北へ約80kmの位置にあり，アイバンホー・マインズ（カナダの資源採掘企業）と，これに50％近くの資本参加しているリオ・ティント社の2社が共同でプロジェクト開発している。現在の合意によれば，同プロジェクトの権益の保有比率は，アイバンホー側が66％，モンゴル政府が34％となっている。モンゴル政府は30年後に，持ち分を50％まで引き上げることが出来るとされるが，2011年9月，モンゴルの議員グループ20名が政府の権益引き上げに向けた再交渉を要求する声明を出したことを受けて，モンゴル政府はアイバンホー＆リオの両社と協議した結果，約1カ月後の10月7日に，契約変更はしない旨を発表した。しかし，このことでモンゴルへの投資には若干の政治リスクがあることを海外投資家へ印象づけてしまった。

事業（大半が中国向け，2013年に本格始動，稼働率ピークは2018年と推定），および現在交渉中の世界最大規模といわれるタバントルゴイ石炭鉱床（略称「TT鉱床」）の開発プロジェクトでは，同鉱床が世界的に最良質のコークス炭を含んでいることもあり，同鉱床開発のための国際入札では近隣諸国（中国，ロシア，米国，韓国，日本など）の政府・民間企業を巻き込んだ政治色の強い交渉が展開されている。

日本政府は当初（2007年）よりモンゴルとのFTA・EPA交渉には，モンゴル側からの要請を受けて粛々と慎重な対応で臨んでいたのが，近年の鉱物資源エネルギー獲得に向けた世界的な争奪戦の中で，モンゴルの鉱物資源に対する近隣諸国（中国，ロシア，EU，米国，日本，韓国など）の関心が急速に高まっていること，および年率8〜9％の経済成長著しい中国がエネルギー・鉱物資源の獲得を激化させていることなどを受けて，2011年には立場が逆転し，日本側がモンゴル側へ，TT鉱床の開発プロジェクトへの日本企業参加および日本へのコークス炭輸送を条件として，EPA締結を迫る勢いを見せている（WTOのドーハ・ラウンドが当面は一括妥結する見込みが無くなったことも日モEPA交渉の促進に少なからずモメンタムを与えている）。

バドボルド首相は，モンゴルの経済成長率が2011年に20％，2012年には25％と発表したが，これはIMFや世界銀行が推計した成長予測値を大きく上回っている。ただし近年のインフレ率が10〜20％もありモンゴル国内の資金調達コストは高い。なお，モンゴル国内での株式上場は300社程度でそのうち売り買いが成立するのは15〜20社程度と見られる。発展著しいモンゴルでは今後，鉄道，道路，発電事業などを含む社会インフラの整備が急務であり，すでに現地で事業展開している韓国企業に加えて今後は，環境保全と雇用創出の2つに寄与するインフラ関連の日本企業の進出も期待される。

第4節　日本を含む近隣諸国との関係

日本とモンゴルの貿易取引は，1972年の「日・モ国交樹立」の後，

UNIDO（国連工業開発機関：United Nations Industrial Development Organization）などの支援で，当時の安宅産業（1977年に伊藤忠商事が吸収合併）が，自社の繊維事業強化の一環として，当時は全く商品価値が見出されなかったモンゴル産カシミヤ原毛の商品化のための，新しい撚糸技術の開発支援と現地工場の建設に始まる。

　その後，ソ連崩壊によるモスクワからの食糧援助停止などによるモンゴル国内の社会・経済の急速な悪化の状況下，海部首相（1991年8月）の現地訪問を契機に，我が国のODAによる経済支援が本格化していく。それ以来，日本はモンゴルにとって最大のODA拠出国となっている。モンゴルの人々は様々な理由から日本及び日本人を最高の良きパートナーと見なしており，日本語を自在に操るモンゴル人の数は想像以上に多い。だがモンゴルの輸出入貿易を見ると，常に最大の貿易相手国は中国（モンゴルが鉱物資源を輸出）とロシア（モンゴルがガソリンなどエネルギー関連製品を輸入）であり，日本とモンゴル間のそれは非常に少なく韓国よりも下位にある（在モの日本人が約500名なのに対し，韓国人はその10倍と云われる）。

　アメリカとモンゴルの関係は，大きく2つに集約される。第一は経済的な側面である。モンゴルの鉱物資源が今ほどには開発されていない1990年代半ば，米国政府は，モンゴルとの間で繊維協定を締結し，モンゴル産のカシミヤ製品（ワイシャツなどアパレル品）に輸入数量割当（import quota）を設けた。

　このことは，モンゴルで製造された繊維・アパレル品をその品質や価格に関係なく，アメリカが一定の数量枠内で必ず買い上げること，即ちアメリカ政府によるモンゴルへの最恵国待遇の例外適用を意味した。その際，米国政府は「当該国（モンゴル）産と認めるためには糸の製造も当該国国内で行うこと」を定めた「ヤーン・フォワード」（yarn forward）と呼ばれる措置を適用した。これにより，モンゴル国内には地元のモンゴル企業を含め近隣の中国および韓国のアパレルメーカーが工場を建設し「メイド・イン・モンゴリア」のアパレル製品をアメリカに輸出した。モンゴル政府にとって，アメリカとの繊維協定はモンゴル国内の雇用確保と繊維産業発展に貢献する大

きな柱になった。モンゴル政府は同協定の失効による国内経済の悪化を恐れて，これをアメリカとのFTA締結に発展させたいと米国政府に要請したが結局実現しなかった[5]。

　第二は，政治的な側面である。1991年に発生した湾岸戦争（イラク軍のクウェート侵略）の勃発時，モンゴルは親ソ連の社会主義国家から脱却した直後にも拘わらず，当時の米国（ブッシュ政権）主導による軍事介入に合わせて正規のモンゴル軍（統計上は約250名）を派遣した。なお，これに続くイラクおよびアフガニスタンにおける米国の軍事介入時にも，引き続きモンゴル政府は軍隊を派遣し，アメリカとの関係強化を進めていった。

　このようにモンゴルはアメリカとの政治・経済的な関係を強化しつつも，他方で，中国，ロシアおよび他の近隣諸国（インド，アフガニスタン，トルコ，北朝鮮，韓国，EU，日本）との関係にも配慮し，それらのバランスの中で，国家としての独立を維持している。

　しかし今のところアメリカとのFTA・EPAが締結される可能性は少ない。というのも，中・ロに囲まれた内陸国家という地理的条件に鑑みると，モンゴルとのFTA・EPAはアメリカに経済的なメリットが少ないこと，および締結されれば，中・ロにとっての政治的な脅威となる可能性が極めて高いからである。

　モンゴル政府としては，自国の国家安全保障上から最も重要な15の「戦略的鉱床」の存在をより安全かつ強固なものにするために，アメリカの政府または企業の参入を認める戦略をとるはずである。2011年にタバントルゴイ石炭鉱床の採掘事業へ米国企業「ピーボディ社（PB）」の参入を受け入れたのはその一例である。

　次に，EUとの関係は，モンゴルが社会主義時代より旧東ドイツとの経済交流を行ってきたことに起因する。EUは2000年代よりスタートした「GSP

---

[5] 2009年当時，モンゴルと米国で定期的に開催されていた貿易投資委員会の第四回目が終了した頃，当時のゾリグド（Zorigt）鉱物資源エネルギー大臣は，筆者の「米国とのFTA締結可能性はあるか」との質問に対し，その締結可能性を否定しなかった。ただし，モンゴル国内で米国とのFTA締結への期待が最も大きかったのは，繊維協定が失効した2004年であった。

プラス」と称する途上国の対EU向け一次産品（約6,000品目）の輸出を促す経済支援策をモンゴルに対しても行った。同支援策は、EUが指定した規格・基準を満たした環境保全や人権の保護を定めた国際条約・協定に加盟すれば、EU側が、それらの国々からの当該一次産品を輸入関税ゼロで無制限に輸入するものである。しかし、「GSPプラス」によってモンゴル経済が目に見えて好転したとは言えず、またEUとの経済的な交流が以前に比べて活発になったとも言い難い。しかし、昨今の世界的な資源・エネルギー不足の中で、EUもまた何らかの足がかりをモンゴルとの間に構築する動きを見せている。

このようなモンゴル政府の資源交渉には、幾つかの特徴が見られる。以下では、モンゴル経済の今後の発展の牽引役となるタバントルゴイ石炭鉱床を事例に、その特徴について述べる。

第5節　タバントルゴイ石炭鉱床をめぐる交渉

2010年頃より始まったタバントルゴイ石炭鉱床（以下「TT鉱床」）の開発をめぐる交渉の構図は、中国とロシアおよび米国を加えた今後の東アジアにおける政治経済的な動向を見通す上で、1つの示唆を与える。モンゴル国内に約6,000ある鉱床の中で、国家安全保障の観点から、石炭やレアメタル、ウランなどの特に重要な「戦略的鉱床」と称される総計15の鉱床は、全ての所有権がモンゴル政府にあり、中でもTT鉱床は質量ともに世界最大規模の石炭（コークス炭）を埋蔵する。

世界の工場として慢性的なエネルギーの超過需要に直面している中国は、モンゴルとの国境近くにあるTT鉱床の石炭（コークス炭）獲得に積極的であり、すでに同鉱床の（TT鉱床開発の国際入札に含まれない）区域で採掘された石炭を、モンゴル政府の許可を得て中国領土の内モンゴルに大型トラックで輸送している（2012年現在）。

他方、自国内に豊富なエネルギー資源（天然ガス）を保有するロシアは、

慢性的なエネルギー不足の中国とは異なる目的で，モンゴル政府のTT開発プロジェクトに関わろうとしている。

　ロシアの目的は，TT鉱床から採掘されるコークス炭をロシア国内の鉄道で日本海沿岸部まで運ぶ輸送料収入を確保することに加え，モンゴル国内のロシア国境に近いウラン鉱床の権益確保も視野に入れながら，モンゴルに対する一定の影響力を確保することにある。

　ちなみに，モンゴル国内の主要鉄道路線を所有する企業「ウランバートル鉄道」は，1991年に社会主義から市場主義経済国家へ移行した後も，社会主義時代のままロシアとモンゴル両政府の共同出資で運営されている。

　モンゴル政府は，2010年にTT鉱床の石炭開発事業を国際入札にかけると表明し，これに参加意欲を示したのはブラジルの大手鉄鋼メーカー「ヴァーレ」，インドの世界最大手鉄鋼メーカー「アセロール・ミッタル」およびスイスの石炭採掘企業「エクストラータ」を含む，米・ロ・中および日韓の有力企業グループであった。それらはモンゴル政府が提示した諸条件の下で，5つのグループ（①日系4社連合「伊藤忠商事，住友商事，丸紅，双日」，②韓国の資源開発会社「コリア・リソーシズ」，③ロシアの「国営ロシア鉄道」，④日中2社連合「三井物産（日本），神華集団（中国，国営）」，⑤米国のピーボディー・エナジー社）に絞られ，さらに幾つかのコンソーシアム（企業連合）を形成して応札に向けた準備を行った。というのもモンゴル政府がTT鉱床の石炭輸送にロシア・ルート（ナホトカ港経由）と中国ルート（天津港経由）の2つの鉄道路線敷設を提案し，その建設コストも応札グループが負担するよう求めたためである。

　TT鉱床開発事業の国際入札はその後2011年になっても結果が出されなかった。その間，日本の4社連合（上記）は，シベリア・ルート（ナホトカ港経由）の敷設コストを賄うために一定規模の石炭輸送量を確保する必要があり，韓国の「コリア・リソーシズ，ポスコ，韓国電力公社（KEPCO），LGインターナショナル，大宇インターナショナル」，およびロシア鉄道（RZD）などとコンソーシアムを組む戦略をとった。他方，日本の三井物産は，鉄道敷設コスト負担を軽減するために石炭大口需要者である中国の神華集団とコ

ンソーシアムを組むことによって中国ルート（天津港）から石炭を日本まで輸送する戦略をとった．最終的に，応札者はこれら2つのコンソーシアムに絞られた．加えて，モンゴル政府は，TT鉱床の石炭の売手（モンゴル）と買手（中・ロその他）のバランスをとるために，米国の大手採掘企業「ピーボディ社」を売手側に加える戦略をとった．これにはバイデン米副大統領のモンゴル訪問（2011年8月下旬）という米国政府のサポートもあった．

　2011年6月にモンゴル政府が暫定案として公表したのは，TT鉱床の権益を「中国（神華集団）と日本（三井物産）のコンソーシアムに計40%」，「ロシア（国営ロシア鉄道），モンゴル企業および日系4社連合のコンソーシアムに計36%」，「米国（ピーボディ）に24%」とする内容であった．しかし，実際に公表された政府案には，中国，ロシア，米国の3カ国の企業のみが明示され，日本企業（4社連合と三井物産）と韓国企業（コレアン・リソーシズなど）はリストから完全に削除されていた．日韓の両政府はTT鉱床の国際入札が不透明であるとしてモンゴル政府に抗議した．

　その後，同年7月9日，同政府案は「国家安全保障委員会」（NSCM）によって却下されたため，TT鉱床をめぐる国際入札は白紙に戻り，改めて国会で再検討されることになった．2011年12月現在，TT鉱床をめぐる交渉に進展は見えない．

第6節　日・モEPAの課題と展望

　2007年にスタートした日モ官民合同協議会は，モンゴル政府からのFTA締結の要請を受けた日本政府がその可能性を踏まえて慎重に交渉へ臨んだものであった．

　モンゴル側の提案は，至ってシンプルなものであり，日モEPAの下で，モンゴルの豊富な"鉱物資源"と日本が得意とする"環境関連技術"を相互に交換（バーター）するよう提案したのである．

　（その際にモンゴル側がどの程度の環境関連技術レベルを望んだのかは不

明であるが，日本側はモンゴル側が最先端の環境保全技術の提供を要求したと理解したのではないだろうか。もしそのままバーターを前提として協議が進んでいれば，次第にモンゴルの経済発展段階に応じた雇用創出の効果もある現実的レベルの技術移転となった可能性はある。）

しかし実際には，そのようなバーターの交渉には成らず，逆に，鉱物資源は「鉱物資源協議会」の場で，またFTA・EPAは「貿易投資協議会」の場でそれぞれ別々に，異なる官民合同メンバーで協議されることになった。

その結果，鉱物資源の交渉とFTA・EPA交渉は，異なる2つの交渉となってしまい，両国の官民メンバーの交渉意欲が若干ながら弱められてしまった可能性がある。

日モEPA交渉では，日本政府はタバントルゴイ鉱床（前述）の開発プロジェクトに日本企業が参加することを期待していたが，上述のように入札の結果は出ず，全ては2013年内に締結される予定の日・モEPAの動向に左右される可能性が高い。その時までには両国にとってウィン・ウィンの関係を確立できるための新たなアイデアが生み出されるに違いない

幸いにも多くの先達によって，日本とモンゴルの良好な関係が構築されており，多少の見解の相違や意見の食い違いはいずれ解消されるものと推察される。

参考文献
1．経済産業省（2010）「日本・モンゴル経済連携協定（EPA）官民共同研究報告書」(http://www.mofa.go.jp/mofaj/gaiko/fta/pdfs/j_mongolia_epa03_jp.pdf)。
2．JICA（2009）「モンゴル投資ガイド」。
3．外務省経済局（1995）「WTO」日本国際問題研究所。
4．岩田伸人編著（2010）「モンゴル・プロジェクト」日本地域社会研究所。
5．WTO (2005), *Managing the Cha かんぜ llenges of WTO Participation*, Cambridge University Press.

〔岩田伸人〕

第 2 章
モンゴルの経済発展に伴う諸問題と解決の方向性

第1節　モンゴルの経済発展に伴う諸問題

本章では，まず，モンゴル経済の状況を概観し，その後，モンゴルの経済発展に伴う諸問題を取り上げる。

1. モンゴル経済の現在

モンゴル経済は2008年のリーマン不況から脱して，急速成長軌道に入ってきた。2011年のGDPは17.5％の高成長を達成した。2012年第1四半期は16.5％，続く第2四半期は11％と，欧州財政危機による国際不況，および中国経済の減速の影響を受け，成長速度が減速した。それでも，通年では2桁台の成長が見込まれている。

2011年では，鉱山部門の活況の波及による建設投資，役人の給与引き上げ，財政支出・銀行貸出の増加，食肉価格の上昇等から，インフレが生じたが，2012年に入ってもインフレは15％増と高止まりしている。インフレはモンゴル経済の懸念点になっている。

対外部門では，鉱山開発の活況から輸入が増加し，貿易収支の赤字幅が拡大したが，これは外国投資の流入によりファイナンスされている。現地通貨であるモンゴル・ツグルグ（MNT）の対ドルレートは若干弱含みで推移し，外貨準備高も減少傾向にある。しかし，これらは一時的な現象に留まろう。2013年には，Oyu Tolgoi 銅・金鉱山（以下オユ・トルゴイまたはOTと記す）の生産開始が予定され，輸出が急増する見込みである。国際収支の将来見込みは悪くない。

モンゴル政府の財政収入は鉱物資源の輸出が増えれば，それに連れて増える構造にある。政府は，拡大する財政収入の一部をインフラ建設，教育，社会福祉に充てることにしている。中期的に，急速に拡大する財政収入を管理するため，2013年から財政安定法が実施される。財政安定法は，年毎の財政収入のバラツキを防ぐための財政平準化を目指している。

モンゴル経済の構造は対外需要が約50％を占める。海外需要の大部分は中国からである。モンゴルの主要輸出品は石炭，銅，鉄鉱石であり，その大半が中国向けである。中国経済が円滑に成長すれば，モンゴルの中国輸出も安定的になる。最近の国際資源価格の下落がモンゴルにも影響を与えている。石炭価格（豪州炭）は2008年7月のトンあたり192ドルから2012年

図表2-1 モンゴルのGDP成長率その他

	2008年	2009年	2010年	2011年
GDP成長率（名目％）	8.9	-1.3	6.4	17.5
1人当たりGDP（USドル）	1,847	1,855	2,065	2,562
全国貸出残高（100万MNT）	2,635,551.6	2,655,000.4	3,264,778.0	5,641,233.7

出所：モンゴル統計局。

図表2-2 GDPの産業別内訳

	2009年	2010年	2011年
GDP（％）	100	100	100
鉱工業	19.8	23.6	21.7
卸・小売	12.2	15.6	18.9
農林漁業	17.9	14.3	13.0
製造業	8.3	8.4	9.2
運輸・倉庫	8.3	7.8	7.3
不動産	7.3	6.6	6.7
教育	4.7	4.0	4.0
公共サービス	4.1	3.6	3.5
情報通信	4.7	4.0	3.3
その他	12.7	12.1	12.4

出所：モンゴル統計局。

12月では99ドルになっているし，LME（ロンドン金属取引所）銅価格は，トンあたり記録的なピークである2011年2月の9,880ドルから，2012年8月では7,510ドルに下落している。しかし，価格下落がこれ以上進まないならば，モンゴルに対する打撃はそれほど大きくない。モンゴル経済の成長率は緩やかに減速する程度だろう。

　最近の経済トピックとして，首都ウランバートル（以下UB）で建設中の建設プロジェクトにおける安全管理，法令コンプライアンス違反を対象にUB当局が査察を行った結果，UBで80件程度の建設プロジェクトが止まっている。一説では止まっているプロジェクトが170件に達しているともいわれている。当然，これらは景気の過熱を冷やすことになろう。

2. モンゴル経済の中期的展望

　モンゴルは最近，世界から注目されている。鉱山開発が活況であるからである。モンゴル政府によると，1人当たりGDPは，2011年で約2,600ドル程度であったが，2016年には約1万2,500ドルと約5倍に増加する。

　もともとモンゴルは鉱物資源に恵まれている。モンゴル南部には，金と銅を産出する世界最大規模のオユ・トルゴイ鉱床（通称OT）および未開発の石炭鉱山では世界一の規模であるタバン・トルゴイ鉱床（通称TT）がある。両鉱床は，現在，開発中である。その他にも多くの中小鉱床が開発に入っている。

　鉱物資源輸出は上述のように，2013年から急速に増加する。加えて，外国資本も継続的に流入する。鉱山開発は鉄道，道路，電力，水等の莫大なインフラ建設を必要とする。鉱山開発のブームは，鉱業用サプライ品，建設・土木，運輸およびその他産業に波及効果を与えている。多くの産業がプラスの循環過程に入ってきている。

　モンゴル経済が成長を継続し，正しい軌道に乗っていくには，財政・金融政策の適切な運営が不可欠である。加えて，モンゴル政府は，輸出が鉱業部門に過度に依存しているので，経済の多様化を進めようとしている。鉱業部門が活況になっても，一部産業が潤うだけで国民に均霑しない。そこで，雇

用吸収力がある伝統的産業と新産業を活性化する必要があると考えている。政府は，国民に対し所得格差の是正を約束している。

モンゴル経済の先行きで心配なのは，モンゴル政府と豪英資本のリオ・ティント社との間で問題化しているOT投資協定の改定問題である。モンゴル政府が再度，改定を求めてきたもので，現在，両者で話し合いが継続している。この協議が膠着状態になると，2013年開始のOT鉱山からの生産・輸出が遅れることになる。加えて，投資環境が悪化するということで，外国投資家に悪影響を与えるので，外国投資の流入に影響がでることが懸念される。

3. 人口・国土・気候・資源・外交政策

モンゴルの人口は約280万人，ちょうど，大阪市の人口と同じである。これに比し，国土は日本の約4倍であるから，人口密度は，1平方kmあたり，1.5人で世界一人口密度の低い国と言われる。国として，人口が少ないというのは大きな特徴である。1国の市場規模としては小さい。人口の半分弱の120万人は首都ウランバートルに居住している。ウランバートルに続く第2の都市は銅鉱山都市であるエルデネットだが，その居住人口は10万人を下回る。広い国土に比し人口が疎らであるから，国土全体の道路，鉄道，その他インフラは未発達である。広い国土に比し，人口が少ないために，大自然がそのままの姿で保存されており，天然の未開発な観光資源が豊富である。モンゴル北部には山と樹木と川があり，中部は草原，南部は砂漠である。中部の草原は，背の高い草が生えないこともあり，特有の景観を呈している。毎年6月以降，見渡す限り，エメラルドグリーンのゴルフ場が広がっている様に見える。自然が豊かで，雄大な自然と景観はモンゴルの宝である。しかし，道路，鉄道の敷設が無いところが多く，特定の地域を除いて，観光地としての開発は進んでいない。

気候は内陸国家であることもあり，内陸性気候で夏の直射日光は暑く，昼間は40度近くになることもある。冬は厳寒となり，首都ウランバートルでもマイナス20度，夜はマイナス30〜40度になる。冬は11月から3月まで

だが，もっとも寒い時期は12月と1月である。屋外は冷凍庫になる。2月になるとツアガーンサルと呼ばれるモンゴルの正月が来る。日本語では白い月ということであるが，この正月を過ぎると次第に暖かくなる。季節の移り目である。日本人と異なりモンゴル人は春をあまり好まない。風と砂埃が強くなる。6月になると木々が急速に芽生える。モンゴルはブルースカイ・カントリーと呼ばれるように，あまり雨は降らない。春に雨が降る量によって，夏の緑が深くなったり，そうでなかったりする。だから，モンゴル人は雨が好きである。小雨程度では傘をささない。夏は6月後半から9月ごろまでで，モンゴルの観光シーズンである。8月後半になると寒くなり始める。

　この気候の特徴から，経済発展に関しても種々の制約が出てくる。建設業は11月から3月まで，コンクリート施工が禁止される。凍結してしまい，水分の除去ができなくなるからである。観光業も冬季は休業である。客が来ない。冬季用の観光地が開発されていない。

　モンゴルは鉱物資源に恵まれている。現在，採掘されているのは，銅，金，銀，石炭，鉄鉱石，蛍石，亜鉛，鉛，モリブデン，アルミニウム等であるが，モンゴルには80種類以上の鉱物資源が存するといわれている。近年，大鉱山の発見が続いており，モンゴルは資源国という認識が高まりつつある。南ゴビに存する世界屈指の銅・金鉱山であるOT鉱床は同量換算30〜40万トンの埋蔵量，可採年数50年の大鉱床で，カナダのアイバンホー社（現在は，Turquoisehill Resources「ターコイズヒル・リソーシズ」に名称変更している），英豪資本のリオ・テイント社とモンゴル政府の合弁で開発が始まっている。同じく南ゴビに存するTT石炭鉱床は埋蔵量65億トン，可採年数200年超で1/3が良質の原料炭，2/3が燃料炭である。この鉱床は未開発の石炭鉱床としては世界一の規模である。現在，開発に掛かる外国パートナーの選定作業が進められている。政府は，規模および国家経済に重要な影響を与える鉱山15カ所を「戦略的（重要）鉱床」(deposits of strategic importance) と指定し，開発に際しては種々の条件を付している。モンゴルの鉱物資源開発は今後，一層活発化する。大規模および中規模の鉱山開発が進むことになる。今後注目されるのは，ウラン，リン鉱石，レ

図表2-3 モンゴルの鉱物資源
Potential Major Mines, Southern Mongolia, Source: WB

	Mineral	Life (Year)	Production (Thousand T/Y)	Start Date (Estimate)
Tavan Tolgoi	Coal	200+	15,000	2012
Uhaahudag	Coal	40	10,000	2009
Baruun Naran	Coal	20	6,000	2012
Tsagaan Tolgoi	Coal	20	2,000	2015
Nariin Sukhait	Coal	40	12,000	2003
Ovoot Tologoi	Coal	50	5,000	2008
Sumber	Coal	50	5,000	2015
Shivee Ovoo	Coal	200+	14,000	2015
Oyu Tolgoi	Copper	50	2,000	2012
Tsagaan Suvraga	Copper	20	250	2012

アメタル，レアアース資源であろう。探査の前提になる5万分の1の地図が作成されているのは，国土の約25％であり，モンゴルの鉱物資源の潜在性は極めて高いものがある。

モンゴルは地政学的に国境を北はロシア，南は中国の両大国に挟まれたサンドイッチ国である。この両国とは文化的，軍事的にいろいろ侵略，非侵略の長い歴史がある。現在のモンゴルの外交政策は，国家安全の見地から，ロシア，中国のいずれとも偏らないバランスの取れた外交を行うというものである。また，国家安全を補完する意味で第三隣国政策（Third Neighbor Policy）を追求している。日本，米国，韓国その他が対象である。

4. 歴史的特長

モンゴルは1921年7月11日，モンゴル人のスフバートルに指揮されたモンゴル革命軍が，ソ連の赤軍の支援を受けて中華民国（当時）から独立を勝ち取った。1924年にモンゴル人民革命党の1党独裁によるモンゴル人民共和国を宣言した。以来，ソ連の衛星国として，68年存続，1992年にソ連を中心とする東欧の社会主義崩壊の機を捉え，民主化，市場経済化を導入，国

名もモンゴル国に変更し，現在に至っている。ソ連の実質的支配を受けていた時代には，社会，文化面におけるソ連化が推進され，モンゴル語の表記が，チンギスハン時代からのモンゴル文字から，ロシア語と同様のキリル文字に変更された。エリート層の多くはソ連に留学した。学校では，ロシア語の教育が行われ，チンギスハンは暴虐の悪人であるという教育がなされ，チベット密教寺院など，モンゴルの伝統的文化財の多くが破壊，排斥された。

経済はソ連式の計画経済が導入されたが，必ずしもモンゴル国にとっての比較優位産業の振興には繋がらなかった。モンゴル工業化の振興は意図的に妨げられたと見る識者もいる。

1990年に世界銀行などの支援を受けて市場経済が導入されたが，急進的改革の結果，経済混乱がたびたび起こり，高率のインフレが発生し，数年の間，国民は困窮した。1994〜95年頃から，経済は安定し，経済は上向きに転じた。

民主化と市場経済の導入から，過渡期を終えた今，市場経済が定着してきつつある。市場経済の経験は現在で22年を経ているが，その間，幾つかの企業グループ，コングロマリットが生成してきている。

ロシアとの関係は，前述のようにロシアの支援を受けて中国（当時の中華民国）から独立したこと，それ以降，70年近くモンゴルのロシア化が進められたこと，モンゴル知識人といわれる人々の留学先がロシアであったこと，大半の国民はロシア語を理解できること等の理由から，今でも中国に対するよりもはるかに親ロシア的である。モンゴルがソ連の衛星国家の頃，ロシア人は軍隊を常駐させていたが，ペレストロイカによるソ連崩壊の際に撤退した。その際に，チョイバルサンから東に鉄道が敷設されていたが，この線路を引き剥がして帰国したと云われている。なぜ，そうしたのかについては様々な憶測があるが，一説には東部地方に石油が出るので，そこへのアクセスを難しくするためといわれている。ロシアはモンゴルを実質支配中に，モンゴル国内の鉱物資源と水利資源の探査を行っており，この情報を一切，モンゴル政府に引き渡さずに撤退したようである。混乱に紛れ，賄賂を使って，ロシア人から，鉱物資源地図を手に入れたモンゴル人が沢山いるようで

ある。この資源探査図を根拠に探鉱権を取得したり，売却したりしている人々が存在する。ロシア人は一旦，モンゴルから撤退したが，気がついて見るとモンゴルが資源で世界的に注目されるようになったので，また，モンゴルへ関心が戻ってきている。ロシアは，電力エネルギーをモンゴル側に売電している他，モンゴルで消費されるガソリン等石油製品の 90％以上を供給している。ウランの開発では，率先してモンゴルとの間で政府間協定を締結しているし，エルデネット銅鉱山，蛍石の開発会社，ウランバートル鉄道，モンゴル鉄道など，今でもロシアはモンゴルの資源，鉄道分野で隠然たる影響力があるようである。首都ウランバートルの意味も「赤い英雄」であるから，ソ連（当時）の影響がある名称である。ウランバートルの街もロシア風建物が多い，ロシア風の町であるが，徐々にその雰囲気も消え去っていくであろう。町並みが老朽化して，立替えの時期を迎えているからである。

　モンゴル人の特徴として食の問題がある。モンゴル人は昔，夏は乳製品，冬は冷凍肉を食し，野菜は殆ど取らなかったという伝統がある。現在は野菜を食べるが，やはり肉が好きである。

　モンゴル人の食の改善ということで現在，自給できていない野菜の栽培は，第一に，モンゴルの食糧自給率は低く特に野菜の自給ができていないこと，第二に，食の構造改善で野菜への需要があること，第三に，農薬漬け中国産野菜に対する健康問題の懸念があること，などの理由から有望である。

5. 人的資源と文化
(1) モンゴル人の気質

　モンゴルは伝統的に遊牧民の国であった。定住をせず，気候の変動に伴って，移動生活をしていた。現在も約 30 万人はいる昔ながらの遊牧民は，家畜と共に移動しながら生活している。羊，牛，馬，ヤク等の家畜は約 5,000 万頭が飼われている。遊牧の伝統から，次のような文化，性格が出てくる。基本的には個人主義である。チームプレーが得意でない。自分で抱え込み，分業で仕事をするという伝統がない。他人を信用せず，信用できるのは家族，親戚だけという風潮がある。起業をする場合も，出資者は家族で固める

文化がある。モンゴル人のは他人を入れることを嫌がる。

　チームプレーが弱い例として，スポーツでも強いのは，格闘技等の個人競技である。ボクシング，柔道等で金メダルを取っているが，チームスポーツは弱い。官庁でも，特に横の連絡が非常に悪く，横串が通らない。

　交渉に当たっては，最初からできるだけ取れるものは最大とるという発想がある。損して得取れとか，急がば回れという日本のことわざは当てはまらない。知人によるとモンゴル人は遊牧民族だから，何時，気候が変わるか分からないので，今，取れるものは取りたいという気質があるようである。

　筆者の経験では，モンゴル人は，じっくりと検討するということはあまり好きではないが，時期が迫るとパッパッとやってしまう馬力がある。基本的にはトップダウンで物事が動くので，トップは戦略を考えるが，下位の人間は戦略を考えるのは私の仕事でないと割り切って，思考停止にはまる人が多い。日本の明治時代もトップダウンであったから，こうだったのであろうが，すべての面で進取，発展的思考を行える人材がますます多くなることを期待する。

　社会主義時代を経てきたことの影響であろうか，サービス精神，お客に居心地のよいサービスを提供することに慣れていない。総じて，官僚的な対応，融通が一切利かない対応がある。ホテルにしても，サービス提供事業にしても，物事の対応が客側の目線で提供されていない。筆者の経験では，例外はあるが，モンゴル人の経営するホテルは，装備品を含め，サービス提供が極めて悪い。航空機のカウンターで東部チョイバルサンで国際会議があり，ウランバートルから国内便の飛行機に乗ろうとした際，中国人の同じ会議出席者が，パスポート不携帯という理由で，窓口の女性に拒否された。食い下がっても駄目なものは駄目という一点張りで，結局，モンゴル人の有力会議出席者の口利きで乗れた。通りのブティックに入ったところ，奥に一人がけのソファーがあり，若い女性が足を広げて偉そうに座っている。客が店内に入っても動かない。この人は誰だろう，客かなと違和感を持って考えたが，結局，店員だった。

　古来，モンゴルではモノ作りが不得手，あるいはモノ作り職人を社会的に

下に見る文化があったといわれる。日本でも封建時代には身分制度で士農工商というランクがあったが，モンゴルは遊牧民社会であり，遊牧が主産業で社会制度上，工業つまりモノ作り職人は下位に見られる風潮があった。したがって今でも建設作業の現場で働くモンゴル人は少なく，中国から中国人が入ってきて従事している。

　男女の問題では，社会進出における女性の地位が高い。経営者で女性が社長をしている会社も多い。高等教育でも大学生は女性が圧倒的に多い。遊牧社会の伝統から，男性は遊牧または力仕事，女性は勉学という風潮が今もあるという。また，若い男性は，韓国，日本等へ出稼ぎに行っているケースが多い。モンゴルでの就業機会が少ないこと，相対的にモンゴルでの給与水準が低いことが原因である。韓国へ行くケースの方が日本より多い。受け入れ条件が日本に比べて緩いからである。韓国には約10万人，日本へは2〜3万人といわれる。

　モンゴル人の才能の1つは語学力が日本人より優れている点である。英語，中国語，ロシア語，日本語，韓国語を話す人が多い。人気の語学は英語である。日本語もそれに続いていたが，最近は，日本語を習得しても現地での雇用機会がないこともあり，韓国語の方に流れている。モンゴルの経済・文化のプレゼンスは日本に比べ，韓国の方が大きい。日本は完全に出遅れている。企業のモンゴル進出に伴う積極性は，日本と比べると韓国のほうがはるかに強い。

　モンゴルで外国と協業する場合のモンゴル側の意向は，日本とやりたいという気持ちが強い。中国，韓国企業は，短期的利益を狙って取引するという風潮がある。これに比し，日本企業は技術にも優れているし，長期的関係を重視するので，パートナーとして期待される。ただし，日本企業の現地進出は多くない。調査ばかりして，実が結ばないというのがモンゴル企業家の一般的認識である。モンゴル最大規模の企業集団「MCS」は欧米指向であり，今まで日本企業と共同でビジネスをしたことがない。

(2) 中国に対する感情

　モンゴル人は基本的に中国人を好んでいない。歴史的に迫害された経緯が

あるからであろう。また，中国のモンゴル国内への経済進出には神経を尖らせている。例をあげよう。中国人はしばしばモンゴル人に市中で殴られるケースがある。間違えて日本人も殴られることもあるようだ。鉄道の軌道では，モンゴルはロシア式の広軌，中国は狭軌である。鉄道新線建設で軌道幅をどうするかの議論があったが，モンゴル国内では絶対，中国の採用している狭軌の鉄道は走らせないということになった。これには，軍事的要素もあろう。では，ロシアはいいのかということになるが，ロシアは中国からの独立を支援してくれたと考える人が多いし，中国は，信用できない，中国と密接化すると独立を危うくするという懸念があるようである。この点，特に，資源開発で特有の動きがある。先にアメリカ企業が東部ドルノド県の石油鉱区を保有していたが，これを米国企業が中国国営企業ペトロチャイナ(Petro China) に売却した。現在，Petro China が 100 万バーレル強の原油を生産し，トラックで中国に運んでいる。モンゴル政府は想定外のことが起こったとして，今まで鉱区の売買が自由であったものを新制度では厳しく規制する措置を採用した。また，ウラン鉱山ではカナダ企業が中国企業に鉱区を売却したが，モンゴル政府はこれを認めず，カナダ企業の鉱区は鉱区保持の遵守事項違背があったとして，鉱区を没収するとして，当該売却は無効として，結局，国際司法裁判所に係属した結果，モンゴル側の敗訴になった。モンゴル政府は，原子力法を制定し，鉱区の売却に政府の承認を要するとしたほか，事業経営に関する政府の関与を強める規定を導入した。これは民間経済界に評判が悪く，早晩，改正が為されるとの見方が広まっている。

(3) 賄賂の問題

賄賂の問題は発展途上国の常であるが，モンゴルにもある。許可，規制があるところには，賄賂が随伴する。例をあげよう。コンビニで，弁当販売したいということで，許可を求めたモンゴル人の友人はその許可を得られなかった。賄賂を払わなかったからと聞く。食品工場を経営している友人によると，生産品のすべてで工場検査を通す必要がある。食品工場ということで，検査が必要なら，1回で済みそうなものだが，新しく製品を販売するごとに検査要求が来るそうである。すべて，許可，認可等，賄賂を使うか，有

力者に口利きしてもらうと円滑になる。資本主義でなく，人本主義の感がある。賄賂の問題は，庶民レベルの行政手続のみならず，政治レベルでも問題が大きいようである。例えば，国営企業の雄である「エルデネット鉱山」では，営業部隊が存在せず，その代わりに幾多のブローカーが存在する。年間生産計画から各ブローカーに販売量を割り当て，それらが販売する。当然，多額のコミッションが要求される。販売方式も前金である。日本の商社はエルデネットと商談を行った例はないと聞いている。日本の法律，税法では，多額のコミッション支払いは賄賂と認定されるほか，コミッション金額に税金が課されるからである。噂であるが，公共プロジェクトには，政党，有力者へ資金が流れる仕組みがあるようである。総選挙前になると，政党の資金集めが加速する。有力日系企業にも，政治献金の要請が来るそうである。モンゴル人の中にお金持ちになりたいから政治家になりたいという考えがある。

4年ほど前に賄賂防止法が制定され，その実施機関も創設されたが，其の長官が捕まったというニュースが報道された。政府要人に対する禁止事項，または行為規制の厳格な運用が求められる。

(4) 工学系技術者の不足

もともとモンゴルは，広大な国土を対象にした遊牧民の国であったが，清国からの独立に際し，ソ連の支援を受けて以来，旧ソ連崩壊まで約70年間ソ連の衛星国であった。その間，集団農業制，コメコン体制での工業分業体制下にあったが，民主化後の市場経済化の混乱の中で，工業部門は崩壊，農業部門は前のシステムが壊れたこともあり，現在でもソ連時代の生産高を回復していない。工業部門の崩壊については，当時，機械工業等では，市場化移行の混乱の中で，多数あったチェコスロバキア製の機械等がスクラップ同様の価格で売却されてしまったと言われている。現在でも，食品工業，機械工業では，技術レベルが世界の水準からみると相当程度に遅れている。

こういう中で，モンゴル政府は，自国の産業振興のために付加価値が高まる生産を推進している。鉱物資源を鉱石のまま輸出せずに，付加価値をつけて輸出しようという戦略である。石炭を鉱石で出す場合，トン当たり

30～40ドルだが，洗炭して輸出すると150ドル程度に上がるといわれる（つまり石炭を洗浄するだけでトン当たり100ドルの付加価値が得られる）。

　銅についても精錬所を建設しようとしている。鉄鋼石も，そのままでなく中間材にして出そうとする動きがある。そのため政府は石炭化学・鉄鋼・製油所を中心にした重工業団地建設を計画している。

　この動きは，軽工業についても然りである。もともと，鉱物資源貿易に偏れば国家経済が外需（特に中国の需要）次第で浮き沈みが激しくなることから，モンゴル政府は産業の多角化と，それを通じての雇用の拡大を指向している。付加価値生産の拡大はこの目的に沿ったものである。

　伝統的産業であるカシミヤを中心とする繊維産業にしても原毛輸出から製品輸出へ，自国農畜産品原料を加工する食品工業，皮革工業を振興，チャチャルガン（ビタミンCをレモンの10倍含むといわれる木の実）等自然産品の加工を推進する政策を採用している。

　また，鉱業部門の活況を最も享受する建設産業では，従来，若干の品目を除き輸入に大きく依存してきた。現在，建設資材について少なくとも70％程度は輸入代替をはかろうという動きがでている。この動きは，当然，工業の振興ということになるが，モンゴルでは重工業，軽工業における製品付加価値戦略で工学系産業人材が絶対的に不足している。

6. 統治機構と行政の問題
(1) 統治機構の問題

　モンゴルの統治機構は，行政・立法・司法の三権分立が基本となっているが，米国のような明確な三権分立でなく，議員内閣制との折衷である点に特徴がある。グレート・フラール（国家大会議）と呼ばれるモンゴルの国会は，直接選挙で選ばれる任期4年の76人の国会議員で構成される。議会の権限は大きく，立法権，大統領の承認と罷免権，首相の任命と罷免権，国内，対外政策など多くの排他的権限を有している。国際協定の批准や拒絶に加えて，石油，ガス，ウラニウムを含む戦略鉱物資源にかかわる権限も有する。国家元首で国家安全委員会の長でもある大統領には，議会の決定に対す

図表 2-4　工学分野分類表（モンゴルで弱い分野を下線で表示）

大分類		小分類	大分類		小分類
A	地球・資源工学	1 地質学	H	材料工学	1 金属物性
		2 岩石・鉱物・鉱床学			2 無機材料・物性
B	応用化学工学	1 分析化学			3 複合材料・物性
		2 合成化学			4 構造・機能材料
		3 高分子化学			5 材料加工・処理
		4 機能物質化学			6 金属生産工学
		5 環境関連化学	I	環境工学	1 環境動態解析
C	機械工学	1 機械材料・材料力学			2 環境影響評価・環境政策
		2 生産工学・加工学			3 放射線・化学物質影響
		3 設計工学・機械要素			4 環境技術・環境材料
		4 流体・熱工学	J	エネルギー工学	1 再生可能エネルギー
		5 機械力学・制御			2 原子力工学
		6 自動車工学			3 バイオエネルギー工学
D	電気電子工学	1 電力工学・電力変換・電気機器	K	食品工学	1 醸造工学
		2 電磁・電気材料工学			2 発酵工学
		3 電子デバイス・電子機器			3 冷凍工学
		4 通信・ネットワーク工学			4 乳業工学
		5 システム工学			5 栄養学
		6 計測工学			6 衛生学
		7 制御工学	L	情報工学	1 情報学基礎
E	土木工学	1 土木材料・施工・建築マネジメント			2 ソフトウエア
		2 構造工学・地震工学・維持管理工学			3 計算機システム・ネットワーク
		3 地盤工学			4 メディア情報学・データベース
		4 水工学			5 知能情報工学
		5 土木計画学・交通工学			6 認知科学
		6 土木環境システム	M	生産工学	1 生産管理
F	建築工学	1 建築構造・材料			2 生産技術
		2 建築環境・設備			3 品質管理
		3 都市計画・建築計画			4 経営工学
		4 形質転換			2 ナノ材料
		3 バイオレメディエーション			3 マイクロ・ナノデバイス
		4 生物学			4 ナノバイオサイエンス

出所：Dr. Baasandash, Vice Director, Research and Innovation Dept. モンゴル科学技術大学より聴取、2012 年。

る拒否権がある一方，議会の再議決（議席数の3分の2）があれば覆される。最高裁判所の長官の任命，および検察人事は大統領に属する。首相を長とする「政府」は最高の行政機関である。法律の執行について議会が責任を持つ。

モンゴルの経済開発で問題なのは，76人の合議体である議会が実質的に行政権限まで大きい影響力を有することである。議会は一応，民主党と人民党という2大政党制だが，日本のような党議拘束はない。したがって，同じ政党内で異なる動きが出てくる。議会は，一般的に過半数の出席で定足数が揃い，その過半数で議会の意思が決定されるので，立法が容易に成立し，また容易に覆る可能性がある。このため法律が安定しないという弊害も見られる。

鉱物資源法の改正を例にする。モンゴルの鉱物資源法は1997年に制定された。IMF・世銀の指導もあり，比較的リベラルな内容であったこともあり，モンゴルに対する鉱物探査ブームが起きた。OTやTTといった大鉱床も発見され，モンゴルの鉱物部門は急速に発展した。2006年に議会が鉱物資源法を改正し，国家管理を強めたために，外資にとって鉱山開発の魅力が減退したが，それでも許容範囲であったのだろう。鉱物部門への外資参入が止まることはなかった。2007年になると，モンゴル議会は鉱物資源価格の高騰から，モンゴルの取り分を高めようという思惑もあり，2006年鉱物資源法を再度改正して，鉱物資源開発にかかる政府の参画をさらに高めようとした。これが政争の具となったこともあり，モンゴルの鉱物資源開発は混乱の状況になった。鉱物資源法の改正問題は，当初のリベラルな法制から，より国家管理を強める方向に移行している。当時の人民革命党の政策がより国家主義的な方向を出し，ロシア式の資源国家管理の方向を指向したのかもしれない。こうした経緯もありOT鉱山の開発にかかる投資協定は，締結までに7年の年月を要した（2009年10月締結）。国民経済的見地からは，早く締結していればそれだけ収入が増えたにも関わらず，議会は，そのような姿勢をとらなかった。結果として，OTの開発にかかる投資協定の締結が完了した結果，モンゴルの鉱物資源にかかる外国投資の流入が活発化したため，投資環境が改善したと認識された。

また，OT 銅鉱山開発にかかる投資協定の政府部内検討手続きについてもかなりの時間が掛かった。まず，鉱物資源エネルギー省内に設けられた WG（ワーキング・グループ）で検討され，次に内閣ベースで WG が設けられ，議会に付議されるとまた WG が設けられる。議論は極めて非効率で最初からやり直しになるケースも少なくない。

　2012 年 6 月 28 日の総選挙の結果，民主党が第 1 党になった。モンゴルの政治は，民主化後，旧共産党の流れを汲む人民革命党（今は革命という文字を廃し「人民党」へ党名変更している）と民主党の 2 大政党制で政治が行われてきたが，これまで人民革命党（現「人民党」）が第 1 党になるケースが多かったが，今次の選挙で民主党が第 1 党となった結果，現在（2013 年）の政権は民主党を主体とする連立政権が担っている。なお現政権になって政府組織の再編および政府高官の交代もあり，各省庁の実際の稼動が遅れている。また，前政権（主体は人民党）から引き続き，国家主義的な政策採用が目立つようになってきた。それらの兆候は鉱業部門・金融部門・通信部門における民族資本の保護措置の採用（外国投資法の改正），OT 鉱山に関する投資協定の再度見直し要求などに表れている。

参考：モンゴル新政権の行政組織
THE CABINET OF MINISTRIES OF MONGOLIA

As of August 20, 2012

内閣		
首相	：N. アルタンホヤグ（民主党） N. ALTANKHUYAG	
副首相	：D. テルビシダグワ（公正連合） D. TERBISHDAGVA	
内閣官房長官	：Ch. サイハンビレグ（民主党） CH. SAIKHANBILEG	
1．自然環境・グリーン開発省 大臣：S. オユン （国民勇気・緑の党，女性） The Ministry of Nature, Environment and Green Development S. OYUN	グリーン開発政策・企画局	財務・投資課，クリーンテクノロジー・科学課
	国家行政管理局	対外協力課
	環境・天然資源局	自然環境評価・監査課，森林・水・特別保護区測地課
	政策実施調整局	森林保護・育成調整課，水資源課
		水モニタリング・調整課，流域管理課
	特別保護区管理局	

30　第 2 章　モンゴルの経済発展に伴う諸問題と解決の方向性

	監督分析・評価・内部監査局	
	気象環境測定庁	
2．外務省 大臣：L. ボルド （民主党） The Ministry of Foreign Affairs L. BOLD	政策・企画・調査局	情報・対外広報課
	隣国局	国境管理課
	アジア太平洋諸国局	
	欧州・中東局	
	国際機関局	
	国家行政管理局	財務投資課，情報技術室，外交中央文書館
	条約・法務局	
	領事局	
	監督・分析・評価・内部監査局	
	外交儀典部	
3．大蔵省 大臣：Ch. ウラーン（公正連合） The Ministry of Finance CH. ULAAN	予算政策局	統合予算課，収入課，支出課，投資財務・監査課
		資源基金管理課
	法務局	
	会計登録政策局	
	財務・調達政策局	
	国家行政管理局	財務・組織課，予算情報データベース管理課
	国庫局	財務・報告書・登記課，支払・清算課
	プロジェクトファイナンス調整局	債務管理課
	内部監査・監督分析・評価局	
	関税庁	
	国税庁	
4．法務省 大臣：Kh. テムージン （民主党） The Ministry of Justice KH. TEMUUJIN	法制度改革政策局	
	法務総合政策局	
	国家行政管理局	財務・投資課，対外協力課
	政策実施調整局	法律遵守政策実施調整課，内務政策実施課
	監督分析・評価・内部監査局	
	外国人国籍庁	
5．建設・都市計画省 大臣：Ts. バヤルサイハン	戦略政策・企画局	財務・投資課
	国家行政管理局	法務課，対外協力課

第 1 節　モンゴルの経済発展に伴う諸問題　31

（民主党） The Ministry of Construction and Urban Development TS.BAYARSAIKHAN	建設・資材政策実施調整局	
	都市建設・土地関係政策実施調整局	
	住宅・公共サービス政策実施調整局	
	監督分析・評価・内部監査局	
6．国防省 大臣：D. バトエルデネ The Ministry of Defence D. BAT-ERDENE	戦略政策・企画局	地方防衛・国家動員課
	国家行政管理局	財務・投資課
	政策実施調整局	装備・機材課
	監督分析・評価・内部監査局	
	対外協力局	
	国軍総司令部	
7．教育・科学省 大臣：L. ガントゥムル（民主党） The Ministry of Science and Education L. GANTUMUR	戦略政策・企画局	財務・投資課
	国家行政管理局	法務課，対外協力課
	政策実施調整局	就学前・初等教育課，基礎・中等教育課
		高等教育課，学術課
	監督分析・評価・内部監査局	
8．道路・運輸省 大臣：A. ガンスフ（民主党（非議員）） The Ministry of Road and Transportation A. GANSUKH	戦略政策・企画局	財務・投資課，プロジェクト・プログラム・対外協力課
	国家行政管理局	法務課
	道路政策実施調整局	道路建設・生産課，道路利用・改修課
	自動車輸送政策実施調整局	自動車輸送政策実施調整課，技術専門課
	鉄道・海上輸送政策実施調整局	鉄道政策実施調整課，海洋利用・水上輸送政策実施調整課
	道路・運輸監督・登記局	
	監督分析・評価・内部監査局	
	航空輸送政策実施調整課	
	民間航空庁	
9．文化・スポーツ観光省 大臣：TS. オユンゲレル（民主党） The Ministry of Culture, Sports and Tourism TS. OYUNGEREL	戦略政策・企画局	財務・投資課
	国家行政管理局	法務課，対外協力課
	文化・芸術政策実施調整局	
	観光政策実施調整局	
	監督分析・評価・内部監査局	
10．鉱山省 大臣：D. ガンホヤグ（民主党） The Ministry of Mining	戦略政策・企画局	経済・財務・投資課，地質政策課，鉱山政策課
		燃料政策課

D. GANKHUYAG	国家行政管理局	法務課，対外協力課
	政策実施調整局	
	監督分析・評価・内部監査局	
	鉱物資源庁	
	石油庁	
11．産業・農牧業省 大臣：KH. バトトルガ（民主党） The Ministry of Industry and Agriculture KH. BATTULGA	戦略政策・企画局	財務・投資課，法務課
	国家行政管理局	対外協力課
	重工業政策実施調整局	
	軽工業政策実施調整局	
	食品産業政策実施調整局	
	牧畜政策実施調整局	
	農業政策実施調整局	
	監督分析・評価・内部監査局	
	国有財産委員会	
	家畜衛生繁殖庁	
12．労働省 大臣：YA. サンジミャタブ（民主党） The Ministry of Labor YA. SANJMYATAV	労働関係政策調整局	
	財務・会計政策・企画局	基金活用課
	国家行政管理局	法務課，対外協力課
	労働政策実施調整局	労働市場・雇用支援課，労働力移動課
	専門教育・研修政策実施調整局	
	中小企業開発局	中小生産者支援課
	監督分析・評価・内部監査局	
13．人間開発・社会保障省 大臣：S. エルデネ（民主党） The Ministry of Population Development and Social Welfare S. ERDENE	戦略政策・企画局	財務・投資課
	国家行政管理局	法務課，対外協力課
	人間開発政策実施調整局	家族・女性開発課，青年開発課，障害者開発課
	社会保障政策実施調整局	
	監督分析・評価・内部監査局	
14．経済開発省 大臣：N. バトバヤル（民主党） The Ministry of Economic Development N. BATBAYAR	開発政策・戦略企画・調整局	総合企画課，投資総合政策課，通商課
		部門開発政策調整課
	経済協力・融資・援助政策局	
	外国投資調整・登記局	
	イノベーション・官民パートナーシップ	イノベーション・高度技術課，自由区課
		コンセッション課

	国家行政管理局	法務課，対外協力課
	監督分析・評価・内部監査局	
15. エネルギー省 大臣：M. ソノンビル（公正連合） The Ministry of Energy M. SONOMPIL	戦略政策・企画局	法務課，財務・投資課
	国家行政管理局	対外協力課
	政策調整実施局	エネルギー課，再生エネルギー課，燃料（燃料炭）課
	監督分析・評価・内部監査局	
16. 保健省 大臣：N. オドバル（公正連合） The Ministry of Health N. UDVAL	政策・企画局	
	国家行政管理局	人材管理・開発課，保険機関管理・開発課，対外協力課
	政策実施調整局	財務・経済課，医療支援課，公衆衛生課
		診断・医療技術課，薬剤・医療機器課
	監督分析・評価・内部監査局	

(2) 政府の体制，人員の問題

モンゴル政府は総じて人員も設備も不足している上に，公務員給与が民間企業に比べて低い。筆者が最初に属していたモンゴル産業通商省および後に属した外交貿易省では，スタッフの給与は月 200 ドル程度であった。その後，何度か公務員給与の引き上げがあったので，今は 300 ドル 以上と推察されるが，それでも民間に比べて低すぎる。数年前，産業通商省では業務用の大型コピー機は1台だけだったし，国際電話が許される電話は省内でも1台しかなかった。モンゴルには，出先あるいは中小企業基盤整備機構，中小企業金融公庫などの外郭組織が殆どない。例えば，モンゴルで比較的重要な中小企業担当の部署の人員は局長を含めて9名と非常に少ない。

(3) 政策形成の問題

1990 年代初頭に市場化経済へ移行した後も，モンゴルには「産業政策」という概念がなかった。これは世銀・IMF が提唱する市場経済の考え方により，モンゴル政府は経済活動になるべく干渉しない方向が取られたためである。それ以前は社会主義体制下の計画経済にあったから，政府の役割が重要であった。筆者がモンゴル政府機関（既述）に赴任した際，輸出・貿易を重視するなら，輸出をサポートする輸出入銀行を設立し，かつ，輸出市場の

状況を調べる JETRO のような政府機関を作るべきとの提案に対して，当時の担当局長は，社会主義体制で否定されたものをまた作れというのか，と反論してきた。市場経済では，個人の自由が保証される中でビジネス活動をおこなう経済主体は合理的な行動をとり，必要な情報はすべて共有されるというのが前提になっている。モンゴルの場合は，経済主体が成熟していないから「市場の失敗」が起きる。

　モンゴル開発銀行の設立においてもそうである。2007～08 年の段階では，開発銀行設立の話題は盛り上がっていなかった。議会筋で強い反対があったからである。だが開発銀行の必要性は明らかであった。モンゴル金融市場では長期資金の供給を行う機関が無く，あるのは短期金融だけだったからだ。だがこれでは，長期固定の資金が望ましい設備投資金融，インフラ金融はできない。従来，この種の資金はすべて外国からの援助資金に頼ってきたためモンゴル政府には，いわゆる援助慣れがあった。モンゴル経済は，援助という受け身の姿勢から貿易・投資の促進という積極的姿勢へと変わる段階に来ていた。現在，モンゴル開発銀行が設立されて，議会の決めた案件に政府資金を貸し付けている。

　2007 年の段階で，モンゴル大蔵省との間で日本の国際協力銀行（JBIC）からクレジット・ライン（取引の相手方に対し設定する信用与信枠）導入の提案があった。大蔵省の副部長は，2 つの理由で時期尚早として乗ってこなかった。第一の理由は，簡単に融資がつく制度ができると議会の議員から圧力がかかり，不正融資の温床となる恐れがあること，第二は，モンゴル政府が欲しいのは，お金ではなくプロジェクトの策定能力であり，現状のままでは各省からのプロジェクト提案が出ないことであった。後者の点については，モンゴルの状況を端的に捉えたものとして興味深い。

　政府の国内政策にかかわる問題点は，政策形成に当たって公聴会も開催されないし，業界団体からの意見も受けつけないことである。当時，著者が在籍していた産業通商省の主催でモンゴルの生産者団体と政府の間で会議が開催されたが，驚いたのはこれが，生産者団体と意見交換した初めての会合だということである。日本の場合，各業種の関連団体が政府の所管省庁と日頃

より交流があり，政策要望事項を出す受け皿になっている。モンゴルには，このような仕組みがない。2007年の鉱物資源法の改正の動きの中では，鉱物資源関係民間産業団体4団体がこぞって政府・議会の改正案に反対した。政策形成に当たって，民間産業団体との事前の意見交換や擦り合わせが不十分なのである。

　各政府部門・各省が政策文書を策定する場合に，こういうことを目標にしたいという夢が抽象的に書かれているだけに終始していることがある。予算措置と実行スケジュールが設定されないために，実行可能性が弱くPDCA (Plan, Do, Check, Action) がうまく回らない。

　政策を出す場合の手段としての整合性が十分に考慮されない。政策の効果分析が不消化のまま立法化される。2つ例がある。1つは外国投資法の改正で，外国投資会社の設立ハードルを高めたケースである（いわゆる「外資規制法」，後述）。改正前は外国企業が25%以上取得する場合，1万ドル相当の資産保有があればよいとされていたが，改正後は10万ドルに引き上げられた。外国企業にとっては現地会社設立のハードルが上がったことになる。なおこれは，駐在員事務所，サービス会社，コンサル会社等，すべての外国会社に適用される。世界の趨勢は雇用機会の創造，新規ビジネスの創造促進のため，会社設立手続きの緩和の方向にあるのに，モンゴルの外資規制は時代に逆行している。日本の場合は1円で設立できる。特に中国企業の中には容易に現地法人を作って自社利益のみを優先する事業が行われる場合があり，これを阻止するためか外国法人の設立ハードルを高めたということであった。別の手段，例えば公正取引法とか，会社の行為を規律する法令の中で，営業停止，もしくは解散，退去命令を出せるようにすべきである。

　2つ目は，国内通貨であるツグルグ（MNT）の価値の安定化を狙って，従来，国内取引でドル建てでの取引が認められていたのをすべてツグルグ建てに変更する規則ができたケースである。これにより，外国から製品を輸入する際に，一定の期間を経て国内販売する企業が為替リスクを負うことになった。モンゴル国内では，先物為替取引市場が無いのでリスクをカバーできない。

他にも，外国人とモンゴル人との間に2重価格制が取られているケースがある。例えば，モンゴル国内観光地の入り口で，外国人だけは入場料を取られる場合がある。MIAT（国営モンゴル航空）の航空券もモンゴル人が購入する価格と外国人が購入できる価格が大きく異なる。日本発の航空券をモンゴルで買うと，モンゴル人のほぼ倍近い価格になる。これらは日本人に内国民待遇を保証した投資協定に違反している可能性がある。

7. インフラ問題

インフラ問題は，経済開発を進める際に極めて重要である。モンゴルの国土面積は日本の4倍なのに人口は大阪市と同じ程度であり，その半数近くが首都ウランバートルに集まっている。国土全体を結ぶ鉄道，道路，通信等のインフラ整備が不十分なため国の統一もモノ・サービスの流通も非効率である。現在でも，モンゴルの西北部の県であるバヤンウルギはカザフ人の県である。モンゴルの西部地方は，隣接のロシアや中国の新疆地方との経済連携を考慮に入れている。西部のドルノド県は隣接の中国，ロシアと連携ができる。南部ゴビ，アルタイゴビは中国国境に近い。鉱物資源開発については，鉄道，道路建設が必須である。南ゴビではようやく鉄道の敷設計画が固まった段階だが，建設が完了すれば相乗的に地域開発が進む。

しかし，鉄道建設はPPP（Public Private Partnership，起案段階から政府と民間が連携して事業を行う形態）で進める方針が採られている。PPPで大規模な事業を推進するには，それが実現性を持つ枠組みの下で実施されねばならない。問題はモンゴル政府にその理解があるかどうかである。道路建設，国内航空路は，資源開発などの明確なニーズがあるか否かによって決定されており，いわゆる観光地とか各地を結ぶ産業道路などの開発の優先度は低い。

モンゴルには自然景観の素晴らしい観光地が多いが，宿泊施設や交通機関などのインフラ建設や観光資源そのものが開発されていない上に，電力インフラの問題もある。電力の自給達成はモンゴル・エネルギー政策の大きな目標の1つである。西部地方では，ロシアからエネルギーの供給を受けてい

る。ウランバートル市内の発電所は，相当古くなっており，既存の機械をメンテナンスしながら運用している。早晩，新規発電所の建設が必要である。政府は第五火力発電所を PPP で建設すべく入札した。アジア開発銀行 (ADB) の資金で設計，入札等の準備が進んでいる。過去に一度は PPP で入札して，参加企業が集まらず，流札になった経緯がある。今回の 2 回目の入札が成功するかどうかに注目が集まったが 2012 年になり，ニューコム・双日・韓国（ポスコ）のグループが一番札を獲得したが，モンゴル政府側がプラントサイトに問題が生じたとして白紙に戻した。この件がどう決着するかは注意を要する。本来このプロジェクト（第五火力発電所の建設）はモンゴル政府が，日本政府に書面で協力を依頼したことに始まるが，当時の日本政府が消極的であったために ADB に協力依頼がなされた。ADB の協力による基本設計では小規模発電ユニットを並べる方式になり，この仕様が採用された時点で日本企業の勝ち目はないと言われていた。日本企業が得意とするのは単一の大型発電ユニットであり，世界一の石炭燃焼効率が達成できるが，小型ユニットの並列方式では，中国企業の得意とするところで，日本勢は価格競争上太刀打ちできないといわれている。つまり中国企業の得意な分野にプロジェクトの仕様が決められている点に問題がある。

　発電プロジェクトは今後，南ゴビのサインシャンド（Sainshand）工業団地でも必要になる。電力会社，送電会社は政府により，電力代金が低く抑えられているため，内部留保が溜まっておらず，赤字会社が多い。世銀などからモンゴル政府へ電力料金を上げるべしとの圧力があるが，モンゴル政府は政治的考慮もあり，値上げできない状況にある。モンゴル政府のエネルギー政策は，民営化によって，経営効率を上げて，安い電力供給につなげようとする方向にある。

8. 公害問題

　モンゴルの公害問題で有名なのは首都ウランバートルにおける冬季の大気汚染問題である。モンゴルの冬期は厳寒の日々になり，夜は丘陵に囲まれた首都ウランバートルでもマイナス 30〜40 度になり，郊外はさらに冷える。

そこで，暖房用の熱水が必要になるが，熱水を送る暖房パイプの供給エリアに限界がある。ウランバートルの住居の約25％は暖房パイプの恩恵を受けているが，ゲル地域と呼ばれる郊外の地域にはそのような熱水暖房インフラがない。そのためゲル地区の住民は暖をとるため，古タイヤや低品質の石炭を燃やすので，大気汚染が生じる。冬は丘陵に囲まれてウランバートル市内では石炭の臭気と煙で一流ホテルであるチンギスハン・ホテル周辺でさえ，白煙で視界が遮られるほどである。ウランバートル市および政府はウランバートルの公害緩和に積極的だが，今のところ特に有効な手立てはない。

次に大きな問題はアスベストである。モンゴルでは今でもアスベストの使用は禁止されておらず，温水パイプ，建物の空調などでアスベストが使われており，居住区域でそれらがパイプ表面から露出しているケースも見られる。

また，皮なめし工場等の排水による河川の汚染も問題化している。ウランバートルでは生水は飲まないが，特にゴビ砂漠等南ゴビ，ゴビアルタイ，ザウハン県では水の質が悪く，問題化している。積極的な手は打たれていない。鉱山開発の進む南ゴビでは，飲料水はウランバートルから鉄道で運ばれている。

第2節　製造業とサービス業の現状と課題

1. 伝統的産業
(1) 家畜由来産業

伝統的産業という言葉で一括すると家畜由来の繊維産業，皮革産業，食肉・食品産業，農業，酪農が入る。モンゴルはこれらの産業の原料について国際比較優位はあるが，技術，インフラ不足から，製品の競争優位は弱い。カシミア原毛等は中国人がモンゴル遊牧民から，現金で大量に買い取って行く。原毛の等級分け，それに応じた値付けが重要であり，このためのシステムと取引市場が不足している。モンゴルのカシミヤ衣料品メーカーの大半は

日本の島精機製の最新機械に更新している。紡績技術と最終仕上げ工程での技術が劣るようである。品質向上，デザイン，海外販路開拓，モンゴル産カシミア100％の製品の品質保証に向けた公的認証制度の整備等が課題である。世界市場では中国製に量の競争で勝てない。品質の高級化を進める必要がある。モンゴルのカシミヤ衣料製品については良いものがあるが，日本に対するマーケティング戦略と市場開拓が不足している。また日本企業がモンゴル製カシミヤに振り向く仕組みの構築が必要である。衣料品については，ヤク，ラクダ，フエルト等，日本でも売れそうな素材もある。カシミヤを含め，日本人デザイナーによるデザイン導入，日本の流通企業による開発輸入がよいかもしれない。

　モンゴルには農業適地があるにもかかわらず，有効利用されていない。日本は大規模農地の確保が難しいのであるから，日本人の農業技術とモンゴルの若い農業労働力を使って，新農業が始められるよう，両国政府の支援対策が必要だと考える。まず。モンゴル農業の潜在的魅力を関心のある日本人，日本企業にどう訴求するかが検討されるべきである。日本が協力するには，日本の農政の転換が必要である。

　酪農についても同様である。北海道で酪農を行うより，はるかに安い費用で，大きい土地で酪農が出来る。乳製品，チーズ等，モンゴルでの技術力には限りがあるので，生産技術，ノウハウを有した日本企業の進出が望まれる。食肉とくに加熱処理肉については日本農水省が一定の要件の元で，輸入解禁措置を採用している。日本企業が，日本市場に合ったモンゴル産加工食肉の開発輸入を行うことも望まれる。

　皮革原料は豊富にある。イタリアの企業が工場を作り，半なめしの状態で本国に輸入している。モンゴル国内にはなめし工場も幾つかあり，革製のカバン，ベルト，小物等が生産されている。カバンではKORO社がある。現状では，なめし技術，設備更新，デザイン，金具などが貧弱であり，販路開拓も今後の課題である。

(2) 家具，木材加工

　木材資源は，建設用，鉱業用に広範に利用されており，約130企業が存在

する。うち 43 企業が外国との合弁である。家具製作は数社ある。筆者の経験だが，大手家具会社に日本の家具流通大手の会長が訪問し，現地の品質を評価して，これならいけると，因みに二段ベッドの引き合いを出した。条件は（中国）天津港渡しで 99 ドルで出せるかというものだった。これが可能なら毎月 3～4 コンテナで輸入可能ということであったが，出てきた見積もりは想定外の 450 ドルであった。同等の中国製ならば 250 ドル程度で買えるため，同会長は，なぜこんなに高いのか理由が不明であり，原料が高いからか，製造面，労働コストの問題だろうということになったが結局真相は分からず，この商談は破棄になった。筆者の見る限り，この現地会社には国際営業の経験も知識も無く国際競争という視点も備わっていないので，自由化が進んで中国メーカー等が参入すれば，生き残ることは困難と思われる。

2. 鉱物資源および重工業

モンゴルにおける鉱物資源産業の位置づけ，その潜在性についてはすでに述べた。ここでは，豊富な鉱物資源に付加価値をつけるための重工業戦略について述べる。モンゴルの鉱物資源の輸出品目は，金，蛍石，石炭が主で，2005 年からは，鉄鉱石，亜鉛精鉱，モリブデン，銅，原油が加わっている。政府は，各工業地域を指定し，各々に以下の重工業立地を推進している。

北部工業地域には，Darkhan／冶金工場，Erdenet／銅精錬所，Darkhan／石油精製所，中部鉱業地域には，Baganuur／石炭化学工場，Choir／金属製品工場，Sainshand／工場団地（セメント工場，石炭ガス化工場，コークス製造工場，石油精製所，鉄鋼・冶金工場，銅精錬所），HBI／DIR 発電所）。南部工業地域には，Oyu Tolgoi／銅鉱山，Tavan Torgoi／石炭鉱山，Narin Sukhait／石炭鉱山，東部工業地域には，Dornod／石油精製所。

重工業戦略には，技術，運営，資金，海外マーケティング戦略などが必要である。モンゴルの場合は，内需用ではなく，外需にむけた原料立地国であるから，相手国の需要面に重点を置いた実行可能性の調査が不可欠である。

3. 建設業

建設業は鉱業部門の活況で一番恩恵を享受している。

建設業の問題は，高層建築が出来る技術習得，設計業務の高度化，現場管理力の向上，施工技術の精緻化等，やるべきことは多い。現状，高層建築の設計，施工は中国，韓国の独壇場である。韓国，中国等外国で実施した設計をコピーしてそのまま使っているようである。モンゴル業者の施工は，評判が良くない。コンクリート施行等の信頼性がかけるようである。最近は近代的なビルも出来てきたが，モンゴルの建設会社の設計になるビルは押しなべて，同じ形で，垢抜けていない。基本設計はコンセプト作りだが，日本，欧米等の水準に達していない。モンゴルの建築基準はロシア方式である点にも問題はある。

日本の建設業者であるスルガコーポレーションの100％子会社であるスルガモンゴルは，ウランバートル中心地から車で15分位の88haの土地でマンション，インターナショナルスクール，戸建等の街づくりを行っているが，日本基準に沿った建築を行っているということで，品質評価が高く，モンゴルの富裕層や高級官僚が購入している。口コミで売れるようになっている。労務者はモンゴル人を訓練して使用し，PC工場を作って，モンゴルの風土にあった建設を目指している。

日本の建築会社が，出てくれば，付加価値をつけることが出来る条件が揃っている。土木工事の分野でも，道路建設，橋梁，その他で日本の技術と管理能力に期待がある。道路建設は，建設・運輸・道路・都市計画省が，推進しており，PPPで建設推進されている。運転資金の手当て，建設管理，保障工事等で日本の建設会社がJ/Vを組みたいという希望がある。

4. その他産業

(1) 自然産品

ビタミン，抗酸化物質を多量に含んだチャチャルガン，ノホンホショウ等が生育している。アニス，ブルーベリー等，品質の良いものが生育する。峻険な気候のもとで育っていることが原因と思われる。ハーブも沢山ある。

チャチャルガン（中国名サジー）は葉，実，茎を含む全てが利用できる。ジュース，オイル（火傷治癒に効果がある），お茶，化粧品の材料になる植物も自生している。これらは，日本の技術で，品質向上，製品作り，流通を行えば，商機があるものと思われる。残念ながら，製品化する技術がない。

(2) 食品加工

食肉加工，ミルク及び酪農品加工，小麦製品，アルコール飲料，塩の生産である。28 の大中小規模の食肉工場がある。モンゴルでは食肉はほぼ 100％自国向けであり，若干は輸出している。ロシアが最大の市場であり，韓国，日本，インドネシア，中東にペットフード，缶詰，羊肉等が輸出されている。

アルコール飲料は複数の企業が参入している。ミルク製品の生産，加工乳の生産，バター，チーズ等の生産に多くの中小規模工場が市町村で設立されているが，国内需要を完全には満たしていない。日本の技術で製品向上，日本向けの商品作り，輸出流通が出来れば，ビジネスになる可能性が高い。この分野も技術が不足している。

(3) 観光業

観光業は，モンゴルにとって潜在性の大きな重要産業である。モンゴルの大自然は，狭隘な国家であるアジアの日本，韓国，台湾，香港などの観光奥座敷になれる潜在性がある。日本人観光客は 2007 年の 1 万 7,000 人（当時全日本人観光出発数の 0.1％）をピークにしてそれほど増えていない。国別でも，中国，ロシア，韓国の後塵を拝している。日本での宣伝の不十分さ，高い航空料金，首都ウランバートルの観光客受入れ体制の問題，現地業者による旅行プラン作成の問題，不足する郊外での宿泊施設，移動のための交通機関の問題等，多くの問題がある。

現状を見る限り，モンゴルの観光業は，モンゴル人向けのモンゴル人のための施設，プランになっているために，今後は外国人旅行者の意見を取り入れた顧客本位のプラン作りが必要である。

(4) 薬剤，病院

モンゴルで薬剤を販売するには所轄官庁への登録が必要である。日本産の

薬は品質がよいとの評判があるにもかかわらず全登録数約 1,700 品目のうち，現地では 2 品目しか許可が取れていない。モンゴルの病院は，総じて評判が良くない。現在，韓国系の病院が 3 件存在する。日本の病院進出に期待が寄せられているが，現在のところ，明確な動きがない。

(5) 金融業

モンゴルの金融業はこれから，注目される可能性がある。国の勢いが伸びていき，融資需要が高まるからである。相変わらず，日本の都市銀行の動きは鈍い。現地のハーン・バンク（Khan Bank）には日本のサワダ・ホールディング（Sawada Holdings）が 53％の資本を投入しているが，今や Khan Bank の総資産は投資実行時に比べて，80-90 倍になっているようである。現在，Khan Bank は事実上モンゴルでのナンバーワン銀行になっている。モンゴルの大銀行はカーン・バンク，ゴロムト・バンク（Golomt Bank），TDB（Trade Development Bank）の 3 行存在するが，資金規模としてはいずれも日本の地方の信用金庫並みである。

資本市場としては，モンゴル証券取引所がある。上場企業はそれほど多くない。未だにルールが未整備なため，今後は投資者保護に基づく種々の証券取引規制の導入や効果的実施策の導入が必要である。ロンドン証券取引所が経営委託を行う方向にある。その他，リース企業，ファイナンス・カンパニー，証券会社，投資銀行等，数多くある。

(6) IT，通信

通信大手は，日本とモンゴルの合弁企業モビコム（Mobi Com）である。他にユニテル（Unitel）等，複数存在する。光回線の普及は進んでいるが，10Mega 等大量回線が使えるところは殆どない。

IT は，モンゴル政府が振興したい分野の 1 つで，プログラミング会社，ウェブ作成会社等，中小規模の会社が多数ある。日本からのアウトソーシングの受け皿となること，IT 技術者の一層の育成が政府の目的である。

(7) 運輸

物流（ロジスティック）を専門とする大手企業は 3～4 社ある。国際陸送はウランバートル鉄道が運営するモンゴル縦貫鉄道（中国－ロシア）を利用

する。モンゴルの軌道は広軌であるから，中国国境地点ザミンウード（Zamin Uud）で貨物の積み替えが必要になる。現在，政府の積み替え施設2箇所と民間の1施設が存在する。リーマンショック前はここで，数カ月の待ち状態が発生し，問題になった。政府はPPPによる大型積み替え施設の建設計画を有するが動いていない。鉄道に沿っての道路建設計画もあり，今後はトラック輸送も有望と考えられている。

　南ゴビでの鉱山開発に伴い，石炭輸送のために現状では100トントラック3,500台が動いているが，急速にトラック需要が盛り上がっている。道路がないところで動いており，環境破壊が深刻化している。

　モンゴルとの貿易に伴う，大きな問題が物流（ロジスティクス）である。日本から陸送する場合，（中国）天津港経由が多いが，日本からのモンゴル向けの主な積荷は中古自動車である。帰りの荷がないから，コンテナも片道になるケースが多い。日本から荷物を出す場合，混載を行う業者が少ないため，コンテナ内空間の利用効率が悪くコストがかさむ。陸上輸送より，航空貨物で送った方が安いという事態が発生している。

(8) サービス業

　首都ウランバートルには，百貨店，高級モール，ブティック，スーパー・マーケット，コンビニ等多数ある。レストランもモンゴル料理，中華料理店，韓国料理店，ロシア料理店多数あり，アメリカ，フランス，イタリア料理店もある。日本料理店も数店ある。寿司，ラーメン店もある。高級料理店も日本と比べると安い。慣れれば，美味しい料理店を探すことは難しくない。美容院，マッサージ店，ランドリーも多いが，日本と比べるとサービスのレベル，質は落ちるが価格は安い。不動産流通も個人事業程度の小規模なものが多く，大手流通チェーンとかはない。

(9) ホテル

　ウランバートルはここ1～2年で大きい動きが出てきている。ヒルトンホテル，シャングリラホテルが建設中であり，経営委託で，ハイアット（2件），ラマダ，ベストウェスターン，スイスのホテルチェーンが出てくる。ウランバートルが国際的に注目され始めた証である。残念なことにここでも

日本のホテルは出てこない。

⑽ 自動車

5年程度前では，ウランバートルの自動車市場は韓国製の中古自動車が目立っていたが，4年位前から，日本製の中古車に取って変わられた。モンゴルの所得が上がったことで，品質のよい日本製中古車が売れているのである。今後は新車の販売台数が伸びると予想される。なおバス，タクシーは今のところ韓国車が目立つ。最近，ウランバートルで近代的なタクシー会社を作ろうという動きがある。自動車の販売店は日産，トヨタ，スバル，三菱自動車，VW，BMW，Mercedes，Hyundai，Kia 等がある。Honda, Mazda の販売店は無い。右ハンドルの車を輸入禁止にしようとする動きがある。

⑾ レジャー，娯楽

従来，近代的な娯楽センターが不足していたが，ウランバートル市に近代的スキー場（完成），ゴルフ場（未完成）ができる。いづれも設計は前者がフランス，後者がアメリカである。

若者対象に，冬の娯楽施設を作ろうという計画を有している民間企業があるが，ノウハウの点と資金の双方から，日本企業と組みたいという話がきたが，日本企業では前向きに検討するところはなかった。

5. Exporters SWOT Analysis

モンゴル政府は，国内市場が大きくないので，輸出振興を行いたい意向はある。GDPに占める輸出の比率は，2010年で43%である。輸出は民間企業が実施するものであるから，輸出企業が輸出および輸出産品について，どう認識しているのかを把握するために各業種から4社程度を選び，SWOTにかかるアンケート調査を行った。データは2008年でちょっと古いが基本は変わっていないと推察する。添付が各業種にかかるSWOTを取りまとめたものである。調査は全企業を対象にしたものではないが，傾向としては，以下が抽出できる。

(1) モンゴル企業の製品で強みといえるものはあまりないが，強いて言えば，価格競争力である。

図表 2-5 輸出企業にかかる SWOT 分析

Exporters' SWOT Analysis
1, Wool, Cashmere and Nitted Garments/ Meat and Meat

	Product/Tannery Sector	対策（案）
強み	天然産品 地場価格の有利性	地場の比較優位を競争優位へ
弱み	輸送コストが高い	輸送コスト削減のための抜本的対策が必要
	海外マーケテイングが弱い	既存機関の強化， Business maching 機会の創設
	海外市場の状況不明 販売チャネルが見つからない	Business matching 機会の創設
	日本向けデザイン情報不足	日本人向けデザイナーと共同
	資金不足問題（量と質の問題） 金利が高い（経営圧迫，コスト高） 　運転資金の不足→Marketing 資金不足→原料調達困難 　設備資金（長期）の不足→設備更新が困難	政府金融機関の設立，低利長期融資制度の創設
	原料問題（原料品位の不安定，調達の不安定） 専門人材の不足 　品質向上のための技術者 　貿易関係 Staff の能力向上	原料品種格付け，取引所，公的資金による 安定的大量購買 国際競争力確保のための技術協力(企業連携) 貿易大学校の設置
機会	天然産品の機会あり。 欧州，日本等への輸出機会	
脅威	中国企業との競合 家畜伝染病	高級品，ニッチ製品シフト
日本との 貿易関係	膨大な市場 輸送問題 市場情報不足 Business Partner がいない Business Matching の制度を設けて欲しい。 輸入税の引き下げ 設備輸入 Financing への期待 専門技術者の派遣	モンゴルからの情報発信 官民による Business Matching 制度の創設 JBIC Export Credit の導入

(2) 海外市場開拓に資金，スタッフが充分に割けていない。ターゲットとなる市場の状況把握は殆ど行われていない。特に日本市場に対して当てはまる。
(3) 海外市場を開拓する際に不可欠な代理店の選定についての知識や経験がない。

貿易決済については，前払い，直接送金が主でありLC（信用状）は普及していない。

輸出入銀行，JETRO等の貿易金融，海外市場情報提供にかかる政府機関は存在しない。

図表 2-5 輸出企業にかかるSWOT分析（つづき）
2, Exporters' SWOT Analysis

	Mining Industry	対策（案）
強み	品質，専門人材，設備等	
弱み	法的環境が不安定（法改定が頻繁），不明瞭（戦略鉱床の定義） ビジネス活動で国家参画が増加，鉱山関係税が投資家にとり過重 超過利潤税（金の生産が地下にもぐった） 輸送とインフラの未整備 世界的な鉱業基準がない 付加価値のついた最終製品輸出体制が整備されていない。	外国投資家が離れない方向での鉱物資源法改正に期待 輸送インフラの問題から，石炭は中国へ低価格で輸出 海への複数の出口（港湾設備，輸送保証を含む）を確保するためモンゴル，日本，ADB，近隣諸国を含む多国間折衝が必要
機会		
脅威		
日本との関係	石炭や石炭関連製品で膨大な市場，最良技術がある。 優れた技術やManagementを導入したい 金や蛍石の市場に対する情報提供 相互に利益のある共同活動を行う機会が多々ある。 中国経由での輸送で日本政府の役割が大きい。 （日本への輸送には中国での輸出許可制度が影響する）	ベースメタルでは対日輸送問題を解決する必要がある。 中国内を保税で通過する制度が必要

図表 2-5 輸出企業にかかる SWOT 分析（つづき）

3, Exporters' SWOT Analysis

	Turism Industry	対策（案）
強み	モンゴルの特徴のアピール	
弱み	道路，インフラが未整備（ほとんど未舗装道路）	主要観光地の道路を優先的に整備
	電力不足	優先配慮
	ホテル，ゲルキャンプサービスが国際基準を満たせない	有料施設には各種優遇措置を付与
	国内航空便が高すぎる	競争を促進する。
	MIATの問題がある。	
	外国航空会社のモンゴル便の制限，	競争を促進する
	MIAT航空券が高い，	競争を促進する
	飛行 Schedule が公表されない。	競争を促進する
	冬季観光がない。	冬季観光施設に関しコンペ制度で政策誘導する。
	他国と比ベモンゴル旅行価格が高い	
	海外で Marketing を行う資金がない。	国際競争の観点からコスト見直しを行う必要がある。
	優秀な人材が少ない	
	ナーダム時ホ子ルが取れない，受け入れ能力が低い。	政府の支援または共同 marketing を検討する。
	モンゴル旅行者は，BackPacker が多い(約8割)ので，金を落とさない。	観光学部で人員育成を行う。中高年に焦点をあわせる。
機会	モンゴル観光客が増えている。	
	MIATの便数が増えている。	
	スキー場の建設，冬季 Tour	
	新しい航空 Route	
脅威	自然破壊	
対モンゴル政府	海外 Marketing, Promotion で民間企業支援期待	
	海外からの共同プロジェクトに低利融資，保証	
日本との関係	一番可能性ある市場	
	日本人観光客 1,600万人のうち，0.2％でも引き寄せたい	
	主要都市にモンゴル観光センターを設けるなど，特定期間協力して欲しい。	
	ビジネスマッチングの機会を設けて欲しい。	
	大規模プロジェクトへの優遇融資を期待	
	短期滞在ビザの自由化	多くの国が日本人短期滞在ビザを自由化している。

図表 2-5　輸出企業にかかる SWOT 分析（つづき）
4, Exporters' SWOT Analysis

	It Industry	対策（案）
強み	短納期，低コスト，日本等での経験のある人材	
弱み	Program 処理基準が出来ていない。 技術書類が作成されていない。 人材不足 資金力がない 日本語能力を身につけた人材不十分 商品品質を上げる必要がある。 Marketing 能力が弱い。代理店がない。	官民一体で諸基準を作成する。 同上 政府による中長期人材育成計画を実施する。 IT 企業向けの諸優遇措置を導入 日本語教育と IT の連携 商品品質向上運動を助成する。 ニッチを狙う。
機会	日本，USA 等からの Outsourcing	
脅威	人材の引き抜き 秘密保持 中国，ベトナム，インドとの競合	
日本との関係	日本を Target にしている。 人材育成で支援を受けたい，特に語学力のある人材 ビジネスマッチングの機会があれば利用したい。 品質コントロールシステムでの協力を期待	ニッチ市場から入って底上げを図る。

第 3 節　海への出口の問題

　モンゴルは内陸国（Land Rocked Country）であるから，海への出口がない。太平洋へ出るには，中国もしくはロシアを通らねばならない。ここでいろいろな輸送，ロジスティックス上の問題が出てくる。海への出口の問題は，あまり注目されないが，モンゴル経済のグローバル経済への参入上，極めて重要な解決を要する問題である。
　(1)　一般的に，海上輸送運賃に比べて，陸上運賃は，はるかに高い。

(2) したがって，モンゴルとの貿易には，輸送コストという費用項目が嵩む。

(3) 鉄道輸送の場合は，中国—モンゴル国境で鉄道積み替えが発生する。軌道幅が違うからである。ここで滞貨が発生すると，費用がかかり，モンゴルでの商品販売価格に影響が出る。

(4) モンゴルの民間企業が輸出を行う場合，特に，鉱物資源の場合，国境渡しになる。中国経由で日本に持っていく場合，後は，輸入者側が手配しなさいというものである。これに対し，中国内を通る場合，中国側が税金をかける。また，原料鉱石のままで，中国に入れ，中国側で付加価値をつけると，中国製品ということになって，輸出税の賦課，場合によっては，輸出禁止等，中国政府の規制に従わざるを得なくなる。

例を上げよう。モンゴル産コークスを日本の中小業者が引き取りを検討したが，国境渡しということで，中国国内輸送の経験がないので，商談が成立しないことがあった。

また，モンゴルから試験的に原料炭輸入を試みた日本商社が，中国国内で税金がかかるという事実から，諦めたケースがある。

(5) TT石炭鉱山開発案件に日本商社が，今一つ腰が入らなかったのは，この輸送問題が解決されていないことも影響している。ベースメタルは大量性があり，日本に送るには，相当量の貨物列車が必要である。中国国内，または，ロシア領内を通らないと日本まで運べない。

輸送の確実性と輸送の安全性が確保されていない限り，巨額の投資資金を投入するにはリスクがある。また，輸送の確保が出来ていない限り，コスト計算ができない。モンゴル政府はこの問題の解決を入札参加期待業者に押し付けている。入札参加者が中国またはロシアの運送業者とこの問題を解決して臨めばよいという考え方である。これでは，問題の本質が隠れてしまう。通過（Transit）輸送の確保が必要である。これには，モンゴル政府が出てきて，中国政府と交渉しなければならない。国と国との問題だからである。

(6) モンゴルが目指すべき方向は，中国国内にモンゴルの専用埠頭を設け，鉄道連結でモンゴルまで輸送できるシステムを作ることである。中国国

内のモンゴル専用埠頭その他を自由貿易地域にし，中国国内の課税権の及ばない地域とする。モンゴル発もしくはモンゴル向けの貨物は通過（Transit）輸送ということで，経由国の課税権の対象外とする。WTO 協定には，内陸国（Land Rocked Country）の海への出口確保については，経由国は協力するという協力義務が課されている。中国は WTO の加盟国であるから，中－モ両国で，双方が満足できるシステムを早急に交渉・検討すべきである。モンゴル産品の引渡し場所が，例えば，中国の天津になれば，日－モ貿易は，様変わりになる可能性がある。

（7）ロシア経由のルートは2通りか3通りある。シベリア鉄道経由，サハリン対岸の Wanino につなげるルート，ウラジオストックにつなげるルート，ロシアが賃貸する北朝鮮の港につなげるルートがある。ロシア政府は，シベリア開発との兼ね合いで，中国よりも有利な運賃を提示しているようである。海へ出るルートで最近，変化が起きている。中国の丹東港を借り受ける話が出ている。モンゴルドルノド県のチョイバルサンから，満州鉄道経由で丹東まで運ぶルートである。これだと，距離の面，港の混雑回避の面で有利である。種々の案が出ているが，早く決めて，実行段階へ入ってもらいたいものである。

・モンゴルと日本の間では片貿易の問題がある。日本の出超である。この日本の出超問題は鉱物資源の日本への輸出があれば，簡単に解消，逆転する。現状は，日本からの陸上輸送の積荷は，中古自動車である。コンテナはウランバートルに着くと，逆の日本向け積荷がないから，往復で利用することが出来ない。これも輸送コストを高くしている理由である。

モンゴルは海の出口問題の解決（複数ルートが必要）と輸送コストを高くしている要因分析を行い，効率的輸送により制約要因を解決し，輸送コストを下げる対策を取る必要がある。

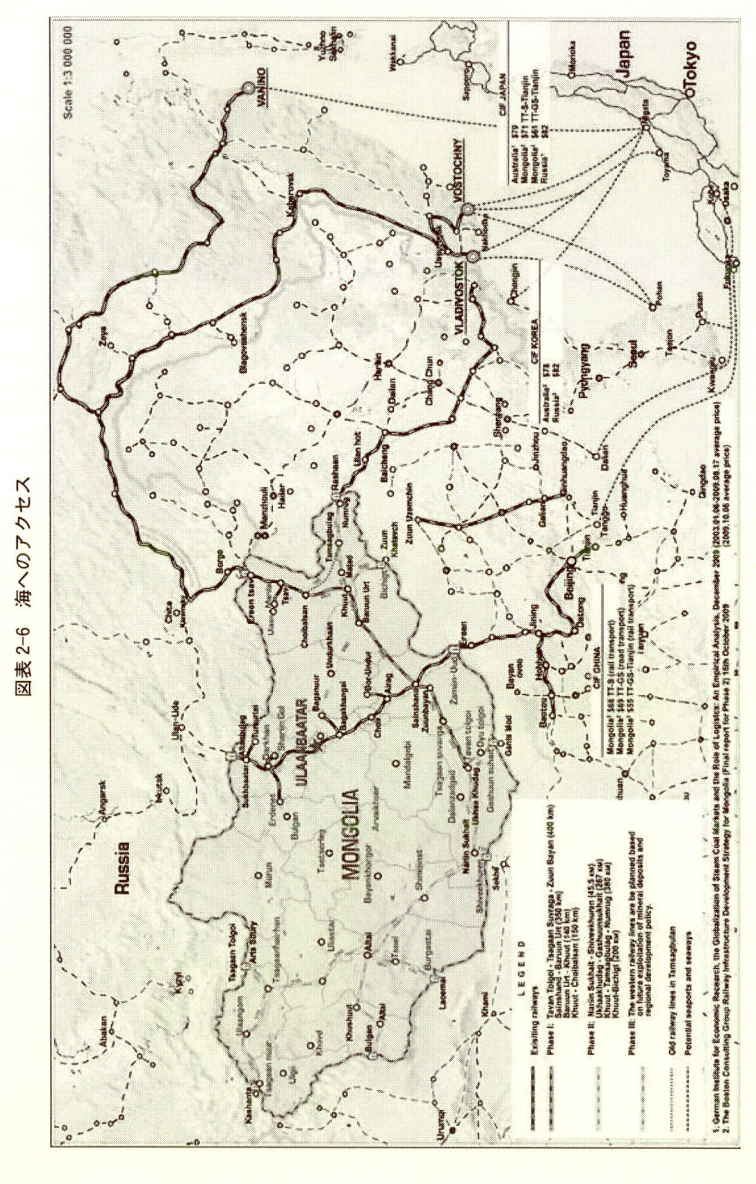

52　第2章　モンゴルの経済発展に伴う諸問題と解決の方向性

図表 2-6　海へのアクセス

出所：道路・運輸・建設・都市計画省。

第4節　モンゴルの経済開発における課題への対処と日本の協力の方向

1. モンゴルの経済開発における課題への対処

　第1節でモンゴルの経済発展にかかる諸問題を概観し，第2節で，モンゴル産業の現状と課題，第3節で，モンゴルの経済開発にとって，モンゴル固有の重要問題である海への出口問題を取り上げた。問題は，以上，見てきたとおり，社会，経済，文化のそれぞれに広がっている。一企業に例えて言えば，企業文化ということになるが，国に当てはめると国家文化とでも言うような側面もある。悪い国家文化はこれを正さなければ，成長力が停滞してしまう。正すにはやはり，優先性がある。何が重要かというと，筆者の意見では，次の通りとなる。

（1）　国のグランドプランを設計し，国民の共感をえる。ただし，ポピュリズムに陥ってはならない。外国投資の受け入れの積極化とシンガポールをベンチマーク先とする。牧畜との関連でニュージーランドをベンチマークとするという人々がいるが，モンゴルは技術力が劣るから，技術受け入れのため，外国人専門家，外国企業が必要である。この点ではシンガポールが望ましい。

（2）　正しい方向に導いていく強い政治リーダーが必要である。政策のぶれがあってはいけないし，開放経済を維持し，モンゴルにとって不足している資源を供給する外資の役割を正しく認識して，富がモンゴルに入ってくる制度を作る必要がある。特に，経済のグローバル化が進んでいる現在では，モンゴルに金，物，情報が世界中から集まる環境を整備することが重要である。この観点で，外国投資企業にかかる考え方を再考したほうがいい。旧来，モンゴルの外資受け入れ制度はリベラルなものだったが，このところ，外国投資受け入れに水をさすような動きが時々出ている。また，モンゴル労働法の基本は社会主義時代の考えが入っており，モンゴル人雇用の義務付け，外国人雇用は一定の比率以下にすべきだとか，それ以上勤務させるとき

は一定の職場料を取るとか，外国人専門家・技術者の導入促進を阻む法制がある。短期的観点ではそういう制度も分かるが，長期的観点で取り組むべき事項である。日本でも明治維新は高級で外国人技術者を迎え入れている。

(3) ソフトインフラの整備を行う。モンゴルは急速な発展過程にある。経済開発に必要な人材の供給，統治機構，法令順守，賄賂，国家大会議の権限課題の問題，国家リーダーの資質の問題，種々な羊毛，カシミア，農牧畜製品における市場取引制度構築の遅れ，製品認定制度の不足（例えば，カシミア100％の公的認証制度），モノづくりの軽視の文化，いろいろな産業分野における技術職人の不足，経済開発を支援するインフラ不足の問題，広大な国土の有効利用の問題，裁判制度の不備，輸出に際しての対外市場情報の不足（担当機関が存在しない），L／C決済制度の不備，税の徴収の不備，商取引の基本となる財務諸表の信頼性の問題，建築基準，鉱業基準のレベルアップの必要性，信用調査制度の不備，過剰な規制等，近代的経営の未浸透，その他問題は種々存在する。これらの制度的なものについては，経済活動のソフトインフラとして，外国からの支援を受けて，引き続き，整備していく必要がある。

政府機構については，より効率的で安定的な政策形成を目指す必要がある。社会経済で現在，傾向として，認識されているのは，モンゴルは民主主義でなく，人本主義だという見方がある。いわゆる有力者の関与力が強い。政権が変われば，旧政権に近かった民間企業は力が弱くなるといわれる。企業と政党，有力者との結びつきが強いようである。モンゴルが近代化するには政権が変わっても安定的な機軸が出来る必要がある。これらについては，先進国の制度をベンチマークとする必要がある。特定の先進国，または中進国であっても，有効な制度を作っている国を参考にすべきである。一般的に言って，国際的な視野を持った人材が少ない。まだ，多く，育っていないようである。これも時間の推移とともに，解決していくだろう。経済が発展するというのは，こういう点も付随効果として随伴してくる。法律の安定性と法執行の平等性等も重要な点である。これらは社会の規律であるから，法改正が容易であるというのは，悪い面がある。悪法も法は法だということにな

る。国家の基本に関する国会議員のコンセンサスが必要だし，強力なリーダーが出てこないとうまく回らないのかもしれない。民主国家は同時に優良なメディアの存在が必要である。社会全体の民度が上がらねばならない。これも時間がかかるものと思われる。ただ，最近，欧米，日本等への留学生がモンゴルに戻っている。これらの人材がモンゴルの急速発展に貢献するだろう。

(4) 政治家の倫理，公務員倫理を徹底する。賄賂を5年間で撲滅し，過剰な経済規制を撤廃する。マレーシアは5年で賄賂問題を解決したといわれる。要はリーダーシップである。モンゴルでは，企業と官庁が係争した場合，企業の権利を保全する制度が不十分である。行政のあり方を巡っては，日本の行政管理法のようなものを作って，行政の進め方および行政権限の限界を定めておくことが望ましい。

(5) 海への出口問題を解決する。貿易，投資で発展する以上，海への出口確保は死活的に重要である。特に，海への出口問題は巨大鉱山開発の前提ともなるべきものであり，早急な検討実施が必要である。モンゴル資源に関心を寄せる外国政府の支援を求めるべきである。

(6) 国および会社経営にあたっては，国際的観点を重視する。成長戦略としては他国で一番パフォーマンス（Performance）が高いものをベンチマークとする。

(7) 農牧畜業も含め，すべての分野で技術力を磨く必要がある。世界的競争経済であるから，この点は特に重要である。農牧畜業，建設，重工業，軽工業，食品工業，サービス産業，すべてに妥当する。

(8) 政策決定においては精緻な議論を行う。何かを決めれば，失う物がある。バランス感覚が重要である。短絡的に決めるのはよくない。決まったら，工程表をつくり，実行を担保する。各業種団体の意見を政策に反映させる。

(9) 経済連携協定（EPA），自由貿易協定（FTA）を積極的に推進する。これにより，中国，ロシア，アジアへの輸出促進の可能性が開かれる。

(10) 都市と地方の所得格差が激しくならないよう，地方開発を並行的に進

める。地方自治を一層，強化させる。

(11) 企業は人なり，国家も人なりだから，高等教育の一層の充実を図る。他国と競争できる人材を育成する。

(12) ウランバートルの都市機能の強化

モンゴルが北東アジアの中心地になるには，近隣地域に対して，ウランバートル（UB）が，都市としての，他地域を上回る利便性を兼ね備えたサービスを提供する必要がある。現状は，病気になると金持ちは，北京に出たり，韓国に出たりしている。大鉱山の開発から，今後はお金が入ってくるし，外資も入ってくる。外国人の往来も増える。有名国際ホテルチエーンが相次いでUBに進出してきているのは，これを反映している。UBは都市として解決すべき多くの問題を抱えている。公害問題，住居暖房のインフラ問題，緑化率の低さ，瀟洒なダウンタウン，ショッピング街がないこと，観光施設が貧弱であること，夜の治安が良くないこと，白タクが多いこと，車の渋滞が目立ってきたこと等である。

気の利いたホテルで合理的な価格で泊まれ，食事とショッピングが安全に楽しめれば，よりいい街になる。

(13) 産業における国際的視野

国家運営には国際的な視野が必要だが，民間企業にも，国際的な視野が必要である。現在のグローバル経済では，世界が競争相手である。どうもモンゴルの企業人は，モンゴル製品の現在の品質（Quality）パッケージ（Package）でなぜ売れないのかと言ってしまう。価格についても，高いことを言ってしまう。いいものを安く提供することが必要だが，このためにはどう原料調達，生産工程，在庫管理，資金調達を調整するのかが必要なはずである。利益を出すには販売価格を上げるか，コストを削減するかである。例外はあるが，モンゴルの場合，いいものを作ろうという気概が日本人と比べて少ないようである。こんなものでいいかという感じがある。チーズとか，食品は特にそうである。国内市場中心できているから，進歩がないのかもしれない。国際市場を見るべきである。これから，ますます，自由貿易が進展する。製品品質に重点を置かないと，モンゴル企業は立ち行かなくなる

恐れがある。

(14) インフラ投資と重工業

モンゴルの開発投資で今後，主役を演じるのは，インフラ投資と重工業投資である，双方ともPPPの下で運営される。PPPについては，現状，生煮えで出してきている可能性もある。重工業プロジェクト，特に輸出目的のプロジェクトについては，実現可能性があるのかという検討が残されている。モンゴルで使う分を除いて，生産物を中国が全量引き取るのであれば，採算性は確保される可能性はある。日本等太平洋岸へ製品を出すには，輸送の実現性の問題とコストの問題が出よう。生産地で付加価値をつけるのは，消費地よりも運賃負担力が増すので，その点ではプラスだが，問題は規模の利益から来る最終製品価格と品質の確保であり，製品の引き取り手の問題である。経済計算が必要になる。経済計算の前提が安定的になっている必要がある。東ゴビ県サインシャンド（Sainshand）での重工業団地建設が決まっているが，これも構想倒れで進まないよう慎重に進めていく必要があろう。工程表が実際に作られ，フォローされる必要がある。日本の企業が安心して直接投資を行えるような環境を整備する必要がある。この点で，日本―モンゴルの経済連携協定が早期に締結されることが望ましい。この協定交渉を通じて，モンゴルの投資受け入れ制度が改善するし，モンゴルのグローバル経済への統合化が進むからである。

2. 日本の協力の方向

いままで，モンゴルの経済開発の課題と課題への対処を検討してきた。ここではモンゴル経済開発の諸問題に対する日本の協力の方向性を検討してみたい。

日本政府の対モンゴル国別援助方針は概略以下の通りである。

- 援助の基本方針（大目標）は，持続可能な経済成長を通じた貧困削減への自助努力を支援するというもので，輸出の太宗をしめる鉱物資源依存から脱却するためのモンゴル経済の多角化と，経済の持続的発展の基礎となる安定したマクロ経済運営に対する支援が中心となっている。こ

れを踏まえ，以下，3つの重点分野が掲げられている。
- 第一が，モンゴルの持続可能な経済成長及び均衡のとれた成長を支援するという観点で，鉱物資源の持続可能な開発とガバナンスの強化が支援される。鉱物資源開発・加工・利用に関する計画策定とその実施が支援され，関連インフラ整備についても今後の検討課題とされている。
- 第二が，モンゴルの全ての人々が恩恵を受ける成長の実現に向けた支援を行うというものである。産業構造の多角化を見据えた中小・零細企業を中心とする雇用創出が支援され，基礎的社会サービスの強化を通じ，貧困層の生活水準の改善に向けた取組が行われる。
- 第三が，ウランバートルの都市機能強化である。都市機能の維持・強化と我が国の知見及び技術を活用したインフラ整備が支援対象となる。
- 他に留意事項として，将来の日本企業によるモンゴル進出に繋がる分野と砂漠の拡大や温暖化等の地球規模の気候変動に関連して，環境面で配慮が記載されている。

これをみるに，Key Word として出てくるのが，貧困撲滅，自助努力支援，鉱物資源の開発・加工・利用，関連インフラ整備（今後の検討とされている），貧困層の水準の改善，都市機能の強化，気候変動関連の環境面の整備である。日本の援助方針として貧困撲滅という観点が目立つのと，支援対象が総花的である。その中で何が重点なのか定かではない。他方，モンゴル政府は，日本に対し，今後は貿易投資の活性化に繋がるような支援を求めている（エルベグドルジ大統領の日本での演説から）。モンゴルは従来の援助依存から，援助受け入れ対象を変えてきている。今後はモンゴルの直面しているモンゴル産業の支援，貿易投資の活性化に資する援助に重点を置いていくべきであろう。特に，モンゴルはすべての面で技術が不足しており，技術移転を求めている。これに対する日本への期待は大きい。

特に，韓国の支援はIT，病院，食糧確保，建設，土木，プラント等自国の業界支援に繋がるものが多いし，目に見える形の支援が多い。すでに ソウルストリートはUBでも有数の繁華街になっている。韓国は，ここの中心地に植栽を援助し，韓国援助と碑銘をいれた記念碑を建立している。他方，

Tokyo Streetは繁華街になっていないし，寂れている。韓国は，韓国製のバスを寄贈したり，パトカーを寄贈したり，タクシーを韓国車にしたり，目立つ援助をしている。TVでは韓国チャンネルが多数見られる。NHKは1チャンネルで，田舎に行くと放送されていない。留学先でも日本向けは停滞している一方，韓国の人気が高まっている。

一方，ドイツは，モンゴルを資源市場としては見ておらず，プラント市場として，これに関連した支援をドイツ企業に提供している。

アメリカについては，2007年当時，鉱物資源法改正時のある国際会合で，鉱物資源法改正にかかるモンゴル政府の国家主義的動きを批判してアメリカ大使が以下のような発言をした。"米国の援助の目的は，援助受取国の市場経済を支援するという期待があって，供与されるものであり，昨今の国家主義的動きが続くようであれば再考されることもありうる"。当時，筆者は，米国の援助の目的ははっきりしているなとの印象を受けた。翻って，日本の援助の目的は分散化されており，柱が明確でない。ドイツ，韓国のほうがより明確である。日本の経済力が相対的に弱体化している折から，日本企業の強い技術を使ったモンゴル産業支援に直結した支援を行うべきだろう。人的支援についても特に高等教育で日本への留学生を増やすべきである。日本親派に育つ可能性があるからである。

これからは，農業，軽工業，重工業，資源開発，インフラ建設協力，スマートシティ建設，環境プロジェクト等，日本の技術力を生かした産業協力を行うことが，両国の利益に繋がるだろう。かつ，モンゴルの海への出口の確保につながる協力を率先すべく日本政府のリーダーシップが発揮されるといいと思う。また，日本への資源確保との関係では，関連鉄道，電力インフラ整備を支援するなどの積極的な取り組みが期待される。農牧業，軽工業では，特に，モンゴル企業の欠けている技術力，市場開拓力を補完する意味で，技術力と日本での販売力・流通力を有した日本企業のモンゴル産品開発輸入（製品を開発して日本へ輸入する）案件を支援することが有効である。日本の食糧資源の確保との関連で，モンゴルは農地が余っており，日本の農牧業従事者の来訪を期待している。食糧確保の意味でも有意義である。

因みに眼に見える援助という意味では，日本の無償案件であるUB陸橋（Flyover）は目立っていい。逆に新空港建設は本体工事が日本の建設会社が受注すれば格別，韓国の建設業者が建設するようになれば，これは韓国が作ったということになり，日本のプレゼンス効果が減殺されるだろう。

図表2-7　日本とモンゴルの経済補完関係

	日本	モンゴル
資金・技術・経営力	大	少
鉱物資源	少	大
若年労働力	少子高齢化	若年層多し
農地・牧畜	規模の利益少	大規模化可能

〔松岡克武〕

第3章
資源大国モンゴルのナショナリズムと投資規制法
―日本・モンゴル EPA の視点から―

第1節 はじめに

2008年秋のリーマン・ショック以来，先進国の景気低迷が続く中，台頭するアジア資源国の中には，資源ナショナリズムに似た動きが見え始めた。

インド，イランおよびベトナムでは鉄鉱石の輸出税が引き上げられ，インドネシアやアフリカのタンザニアでも同様の措置が検討されている[1]。これらは，自国内の旺盛なインフラ需要や，「資源の採掘」から付加価値を生む「資源の加工」産業への移行を目的とした産業育成政策によるとしても，鉱物資源を需要する先進国から見れば，途上国の資源ナショナリズムの高まりと映る。

資源大国として世界の注目を浴びるモンゴルでは，近年の15％を超える高い経済成長（2011年17.5％，2012年上半期17.5％）を背景に「脱」中国への意識の高まりと，地理的な隣国・中国への「依存」体質とが絡む理想と現実との乖離の間で，2012年5月にその象徴といえる外資規制法が制定・発効した。関係国はこれをモンゴルにおける資源ナショナリズムの現れと見ている。

同法と対照的なのは，モンゴルが市場経済国家としてスタートする1990年代始めに制定された幾つかの「開国」を意識した国内法制度である。その1つが，1993年に発効したモンゴル外国投資法（Foreign Investment

---

[1] JOGMEC（2012年11月1日）アジア資源国（中国，日本を除く）における 資源政策と開発動向（2013年1月12日アクセス, http://mric.jogmec.go.jp/kouenkai_index/2012/briefing_121101_4.pdf)。

Law）である。同法は，1990年に承認され1993年に発効（その後1998, 2001, 2002年に改正）し，その目的はモンゴルに向けた「外国投資を奨励」することにある（同第1条）。当時のモンゴルは社会主義から資本主義の国家へ移行して間もない頃であり，自国の経済発展には外国資本による投資が不可欠であった。だがその後，モンゴル国内に世界有数の鉱床（銅金のオユ・トルゴイ鉱床，石炭のタバン・トルゴイ鉱床など）が次々に外国資本の手で採掘，事業化されるにつれて，モンゴル国民の間に資源ナショナリズムの風潮が広がっていった。

1997年に初めて制定された鉱物資源法もまた，当時はモンゴルに向けた外国企業の資源開発への参入を容易にするものであったが，2000年代の後半になるとモンゴルは高い経済成長の下で資源ナショナリズムの高まりを背景に，それまでの外資優遇の傾向が弱まり，逆に自国（モンゴル政府）に有利なように改正されていく（後述）。近年のモンゴルにおける資源ナショナリズムの表れとして顕著なものが，本章で扱う2012年5月に発効した外資規制法である（後述）。

外資規制法（2012年5月）が制定されるきっかけとなったのは，後述のように中国の国営企業チャルコ（Chalco）社によるモンゴル国内企業の買収提案（2012年4月発表）にあると云われる。しかしモンゴル政府関係者によれば，それ以前の2000年代初めから顕著になった中国や欧米の外国資本参入がきっかけと言う。例えば後述のように，カナダの鉱山企業アイバンホー・マインズ社の創業者（CEO）であるロバート・フリードランド（Robert Friedland）は，オユ・トルゴイ鉱床で，最初は「探鉱権」を安値で買い取って試掘を繰り返した後，さらに鉱山ビジネスに必要な「採掘権」を安値で買い増し，世界有数の金・銅鉱床であることが世間に知れ渡った段階で，自社株を高値で売抜けて巨万の富を得た。ロバート・フリードランドの行動は，モンゴルの人々には，自国の富が外国人に奪い取られたという被害者意識とともに，モンゴルのナショナリズムを奮い立たせる一因となった。

外資規制法は，モンゴル国会議員の総選挙（2012年6月）前に当時の与党「人民党」（旧「人民革命党」）と最大野党「民主党」の両党合意によっ

て，2012年5月に国会で可決，即日発効した。同法の目的は，モンゴル国内における中国企業の突出した資源獲得の活動を押さえ込むことにあると云われる。2011年末の対モンゴル投資の累計額（1990年以降）を国別でみると，中国が最も大きい35億ドル（約2,800億円）であり，モンゴルの輸出入額でも，中国が最も大きく輸出額の9割，輸入額の3割を占める。外資規制法に対する日本側の見方には，中国を含めて日本や韓国などの外資企業のモンゴルでの操業も抑制されてしまうという悲観的な見方と，逆に，日モEPA（経済連携協定）が締結されれば，少なくとも日本企業のモンゴル進出は外資規制法の影響を受けないとするやや楽観的な見方の2つが併存している（2012年12月現在）[2]。

2012年8月9日に就任したノロブ・アルタンホヤグ首相（Norov ALTANKHUYAG，民主党党首）は，「当面は投資規制法を見直す予定はない」と述べる。与党「民主党」と連立を組む少数野党「人民革命党」も，世界最大級のタバン・トルゴイ炭鉱の権益について，外資よりもモンゴル国民に利益が出る形にする公約を掲げて選挙で躍進したため，見直しには消極的と見られる。

第2節　価格交渉力の弱いモンゴル

2012年現在，モンゴル国内における鉱物資源の推定埋蔵量は，例えば，銅3,500万トン，金1,275トン，石炭60億トンと世界有数の規模にある。ウランに至っては"推定"埋蔵量が世界一と云われる。鉄は埋蔵量4億5,300万t（推定埋蔵量55億t）と云われるが，それらの鉱床自体は輸送インフラが未整備な地域にあるため未開発とされる[3]。いずれにせよ，現状でそれら

2　外資規制法は，今後に制定される国際法を優先する旨を定めている。
3　経済性の高い鉄の鉱床は，Tumurtui（2億2,950万t），Baynagol（1億1,010万t），Tumur Tolgoi（2,700万t）。なお亜鉛は，その最大の鉱床Tumurtuin ovoo鉱床が，中国・モンゴル合弁のTsairt Mineral社によって採掘と精鉱（品位50%）が行われている。

鉱物資源のほぼ唯一の買い手は隣国「中国」である。中国（国営）企業は今やアフリカやアジア各地で鉱物資源を採掘している。そのこともあって，モンゴルの鉱物資源の価格決定権は買手である中国側にあり，売手であるモンゴル側にはない。資源の輸送手段としての鉄道路線もまたロシア・中国のいずれかを経由する以外にない。モンゴルから鉱物資源を輸送する鉄道路線がシベリア・ナホトカ経由で日本海，また中国の天津（港）経由で黄海へ出ることが可能になれば，モンゴル政府が"第三の隣国"と総称する日本・韓国などにも鉱物資源を輸出・販売することが可能となり，中国による買手独占の現状から脱皮することができる。

しかし，モンゴルの鉱物資源を日本や韓国に輸送しようとしても，その輸送コストもまた中国・ロシアによって操作されてしまう。よって，日モEPA（経済連携協定）が2013年末までに締結されるとしても，そのことによって日本向けの鉱物資源輸出が加速化されることはあり得ない。もしモンゴルが望む日本や韓国などの"第三の隣国"との貿易に対して，中ロが輸送コスト引上げや諸手続きの強化などの非関税措置によって介入するならば，モンゴルの資源貿易は拡大できず，国家としての独立も困難になる。したがって，モンゴルが自国の独立を維持するためには，今後とも中ロとの友好関係を保つ以外にない。その意味で，リスクを恐れない果敢な個人プレーに勝るモンゴル人の気質とは裏腹に，モンゴル政府には常にリスクを分散させる全方位的なバランス感覚が今後も求められる。

第3節　WTO加盟前後のモンゴル

1991年末のソビエト連邦崩壊およびコメコン（COMECON: 経済相互援助会議）の消滅と前後して，モンゴルはそれまでの社会主義国家から市場経済の民主主義国家へ，大きな暴動も無く平和裏に移行した。実質的な宗主国であったソ連からの経済援助はほぼ完全に断ち切られたが，間髪を入れず日本政府（海部首相）と世界銀行などが連携して，当時としては巨額の資金援

助をモンゴルに向けて実施した。このことがモンゴルの市場経済への移行に伴う経済的な混乱を緩和する一助にもなったし、モンゴルの日本に対する信頼感が今でも強い理由の1つとなっている。1990年代になると市場経済国家の法的インフラとして、ドイツや米国の法制度を参考にモンゴル国内の法律及び税制度が整備された。1997年のWTO加盟に際しては、一時的にしろ全品目の輸入関税を一挙に撤廃するなど、モンゴル人のリスクを恐れない一面も見られた。その後、輸入激増による国内経済の悪化を回避するために輸入関税が引き上げられ、現在は原則5％の一律輸入関税となっている。

米国への依存と期待が急速に高まったのもこの頃である。当時のモンゴルは、WTOの特恵関税制度の下にあって米国政府から繊維・アパレル品の輸入割当枠（import quota: IQ）を受けており、その枠内であれば品質や価格と無関係にモンゴル産品の繊維・アパレル品を自動的に毎年一定量、米国へ輸出することができた。米国のアパレル・メーカーからの技術供与を受け、OEMによる米国向けに高級ワイシャツの生産も始まった。その当時、近隣の中国・韓国の企業もモンゴルの輸入割当枠を利用してモンゴル国内で生産したアパレル品を「メイド・イン・モンゴル」として米国へ輸出していた[4]。その後、2005年には繊維・アパレル部門に代わってモンゴル最大の産業となった「鉱業部門」（mining sector）がGDPの18％、工業生産額の66％、輸出額の76％、財政収入の22％を占めるに至った。

第4節　鉱物資源法

モンゴルの鉱物資源法は1997年に初めて制定された。同法の趣旨は自由市場経済の考え方をベースに、土地の所有権を国家が有すること以外は、鉱物資源の開発に必要な探鉱権と採掘権およびそれらの所有権の自由な取引が

4　WTO (17 May 2005) "*WT/TPR/M/145* "para.68," …Mongolia could also refine its strategy for diversification of production; this would help its textile industries to face the end of the quota system from 1 January 2005."（下線は筆者）

ルール化された。これに伴い 2001 年以降，多くの外国企業が参入して資源探索が進むことで鉱物資源の探鉱，採掘ブームが起き，多くの探鉱ライセンスが発行・売買された。特にモンゴルの南部，南ゴビ地域でオユ・トルゴイ（Oyu Tolgoi，銅・金），タバン・トルゴイ（Tavan Tolgoi，石炭）といった巨大鉱床を含む多くの鉱床発見と開発もこの頃に顕著となった。2010 年時点でモンゴルには，金，銅，石炭，鉄，モリブデン，亜鉛，タングステン，ウランなど 80 鉱種，6,000 を超える大小の鉱床が発見されている。

JOGMEC Report（2011 年 4 月）によれば，銅は，社会主義時代から操業されている Erdenet（エルデネト）鉱山で採掘と精鉱が進展中であり，加えて 2013 年上半期までには Oyu tolgoi（オユ・トルゴイ）鉱床の開発が本格化される予定である。経済性の高い鉄の鉱床としては，Tumurtui（2 億 2,950 万 t），Baynagol（1 億 1,010 万 t），Tumur Tolgoi（2,700 万 t）が有望視されている。亜鉛は，15 の鉱床が確認済みで，主な鉱床は，Tumurtuin ovoo（88 万 5,300t），Khukh adar（40 万 9,530t），Kharaat uul（28 万 4,340t）であり，Tumurtuin ovoo 鉱床は，中国・モンゴル合弁の Tsairt Mineral 社が採掘と精鉱（品位 50％）を行っている。

2006 年になると，モンゴル経済の活況と合間って国民の間に資源ナショナリズムの機運が高まっていく。同年，モンゴル議会は鉱物資源法を改正し，幾つかの根本方針を変更した。その中には，金及び銅鉱石の輸出時に，事前に決めた一定の（金銅）価格水準を国際相場が上回った場合，その超過分に対して 68％の課税をする「超過利潤税」[5] の導入や，鉱物資源（ウランや金銅，石炭）の埋蔵量が多い鉱床を「戦略的重要鉱床」(deposits of strategic importance) に指定することによって，外資の参入が顕著な分野に対して，これを抑制する目的でモンゴル政府の介入がし易い仕組みを設けた。

「超過利潤税」はモンゴル国会等での十分な審議期間もなく，また政府の支持が得られないまま超党派の議員によって短期間で成立した。成立の背景には，金・銅の埋蔵量が多いオユ・トルゴイ鉱床の開発に関わる民間の外資

---

5 在モ日本大使館（2012）『最近のモンゴル経済』22 頁。

企業側（アイバンホー・マインズ社とリオ・ティント社）と政府が協定を締結するにあたり，外資が得る利益分へ課税し，その分を国民に配分するという資源ナショナリズムの考え方があったと伝えられる。なお同法がオユ・トルゴイ鉱床における外資企業の活動を停滞させるという懸念を受けて，2009年8月25日，国会は，同法を2011年1月1日より廃止することを決定した。他方，モンゴル政府は2010年11月25日，税収を得る目的で超過利潤税に代えて，採掘された鉱物資源の種類，市場価格，加工度などに比例して0～30%を追加徴収する「累進ロイヤルティー制度」を導入するよう，鉱物資源法を改正した。

　戦略的重要鉱床とは，モンゴルの国家安全保障の面から，経済・社会開発上インパクトを与える潜在的な可能性がある鉱床，又はモンゴル国内総生産の5%以上に相当する生産高を産出，或いはその生産能力を有する鉱床と定義され（2006年鉱物資源法の第4条），戦略的重要鉱床について国家予算の下で調査された鉱床については上限50%，それ以外については上限34%まで国が参入できる（第5条）。モンゴル国内全域で戦略的重要鉱床に指定された数は15カ所，戦略的重要鉱床候補として39カ所の鉱床が登録されている。

　さらに当時の世界的な鉱物資源価格の急騰から，モンゴル議会は2006年鉱物資源法をさらに改定して，政府の参入を強めようとしたが，2008年9月に米国で勃発したリーマン・ショック以降の世界同時経済不況により，首都ウランバートルのビル建設ラッシュはストップし，モンゴル経済を牽引していた鉱物資源やカシミヤ原毛の国際価格も急落した。このため2006年鉱物資源法を改正する動きは沈静化した。

　2009年10月には数年間の交渉を要したオユ・トルゴイ金銅鉱床の開発を進めるための投資協定が，モンゴル政府，アイバンホー・マインズ社，リオ・ティント社の3者によって締結された。さらに上述のように2011年1月1日には，オユ・トルゴイの金・銅を対象とした超過利潤税が廃止された。このようにモンゴルの鉱物資源開発は，世界的な鉱物資源価格の動向，中国の国内景気動向，およびモンゴル国民の資源に対する考え方，それらに

連動するモンゴル政府・国会の動向に強く影響されることは確かである。

第5節　2012年モンゴル総選挙と資源ナショナリズム

　2012年6月下旬に行われたモンゴルの国民大会議（定足数76議席）の総選挙で，人民党（旧「人民革命党」）と接戦の結果，民主党が第1党となった。しかし，民主党の当選議席数は31議席と単独過半数に及ばなかったため，第3勢力の新「人民革命党」と「民族民主党」から成る「正義」連合，および第4勢力の「国民勇気・緑の党」との連立政権となった。新「人民革命党」は，党首であるエンフバヤル元大統領が「人民党」から分離して設けた新しい党であり，社会主義時代の一党独裁政党であった当時の政党名「人民革命党」に親近感をもつ地方の選挙民には郷愁を抱かせる党名であった。改選前に与党であった人民党は，選挙で獲得したのは過半数に足りない25議席であり，1996年の総選挙以来，初めて政権を失った。今回の選挙で特徴的であったのは，モンゴル国民の一部に根強い資源ナショナリズムを背景として当選した国会議員が多いという点である。

　モンゴルのナショナリズムを喚起させる一因となったのは，選挙の直前に発生した中国国有企業「チャルコ」（Chalco）社による石炭採掘企業「サウスゴビ・リソーシズ」（South Gobi Resources Ltd.）を買収する提案にある。サウスゴビ・リソーシズ社はモンゴル南端にある世界最大規模のオユ・トルゴイ鉱床において中国向けに石炭の採掘・生産を行っている民間企業である。この中国側の買収提案がきっかけとなって，モンゴル政府による外資規制法の制定につながったと云われる。ただし，2009年にモンゴル政府，アイバンホー，リオ・ティントの3者でオユ・トルゴイ鉱床の採掘に向けた調印の前後から，同法の制定に向けた検討が，すでに政府内で進められていたという情報もある[6]。

6　2012年9月1日現地ヒアリング。

第6節　中国・国営企業（Chalco）によるモンゴル鉱山の買収計画

2012年4月5日，資源加工最大手企業の中国国営企業「チャナルコ」（Chinalco，中国語名「中国鋁業公司」）[7] の子会社「チャルコ」（Chalco，中国語名「中國鋁業股份有限公司」）[8] は，モンゴル国内で操業中のカナダ籍企業サウスゴビ・リソーシズ[9]（South Gobi Resources Ltd.）の経営権を握るために，親会社（カナダ籍）のターコイズ・ヒル（Turquoise Hill Resources Ltd., 旧社名は「アイバンホー・マインズ」）が保有するサウスゴビ・リソーシズ社の株式58%（最大60%）を約9億2,000万ドルで購入すると発表した。

これが実現すれば，中国政府系企業が，モンゴル国内のサウスゴビ・リソーシズ社の実質的な経営権を握って，同社の所有するサウスゴビ・サンド社（South Gobi Sands LLC）の経営権も中国側に移ることを意味していた（サウスゴビ・サンド社はモンゴル国内の複数の鉱山権益を実質管理し，それらの中にはモンゴルの戦略的鉱床に含まれる石炭鉱床「オボート・トルゴイ（Ovoot Tolgoi）」の権益100%保有も含まれている）。

つまり今回の中国政府系企業による買収計画が成功すれば，モンゴルの石炭鉱床（Ovoot Tolgoi）から産出される石炭の売り手と買い手が，ともに中国政府の傘下になる事態があり得たのである。

7　JOGMECによれば「中国中央政府企業中国アルミが本年4月にサウスゴビ・リソーシズの株式60%を10億ドルで買収すると発表したことを受けて，モンゴル政府は同社傘下のサウスゴビ・サンド社が所有するOvoot Tolgoi他の開発案件の鉱業権益の停止を履行した。」JOGMEC（2012年11月1日）『アジア資源国における　資源政策と開発動向』（2013年1月12日アクセス，http://mric.jogmec.go.jp/kouenkai_index/2012/briefing_121101_4.pdf）。

8　チャルコ（CHALCO）社は中国で唯一，酸化アルミニウムを生産（世界第2位）・販売し，中国最大のアルミニウム生産・販売する国営企業とされる。

9　同社の中国語名称は「中国名南戈壁資源有限公司」である。

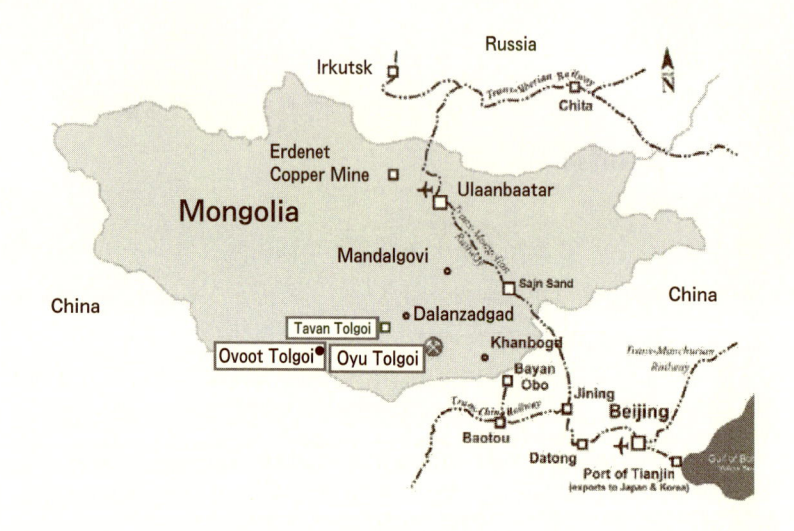

70　第 3 章　資源大国モンゴルのナショナリズムと投資規制法

　なお，ターコイズ・ヒル（旧アイバンホー・マインズ）社も当初は中国チャルコによる株式取得計画に合意していた[10]。
　サウスゴビ・リソーシズ社は，燃料炭（コークス炭）および原料炭の中国向け生産を主業とし，モンゴル国内で 4 つの開発プロジェクトを展開している（2012 年 7 月時点）。
　ターコイズ・ヒル社の実質的な経営権を握るのは，英国籍の「リオ・ティント」社である。同社はロンドンとニューヨークの証券取引所に上場する探索・鉱業・鉱物資源加工を行う世界第二位の資源メジャーである。
　モンゴル政府は，今回の中国チャルコによるサウスゴビ・リソーシズ社の買収提案がモンゴルの国家安全保障（national security）を脅かすものであるとして，これを阻止するために，2012 年 4 月 16 日にサウスゴビ・リソーシズ社が保有する採掘事業の免許（ライセンス）を停止し，翌 4 月 17 日にはモンゴル国にとって戦略的に重要と指定された分野で操業する事業法人への外国投資を規制する法案（外資規制法）をモンゴル議会へ提出するとともに，サウスゴビ・リソーシズ社が全額出資する子会社サウスゴビ・サン

10　Reuter（3 Sep.2012）

ド社による探査・開発を停止させると発表した[11]。

1カ月後の5月17日，同法案は議会で可決され，即日発効となった。

2012年9月3日，中国・国営チャルコは2012年4月時点でサウスゴビ・リソーシズ社の株式約58％をターコイズ・ヒル社から買い取る提案について，これを断念すると発表した。同時に，ターコイズ・ヒル社も，チャルコ社への株式売却を断念すると発表した[12]。

第7節　モンゴルの外資規制法

2012年5月17日に発効した「戦略的重要分野における事業体への外国投資を規制する法律」（the new Law on Regulation of Foreign Investment in Business Entities Operating in Sectors of Strategic Importance，以下「外資規制法」）は，モンゴルの国家戦略上重要な分野（Sectors of Strategic Important: SSI）と指定された「鉱業」，「金融」，「情報通信・メディア」の3分野で操業する企業体に対して，外国企業の出資比率が49％かつ一定の投資額を超える可能性がある場合，モンゴル政府および議会の事前承認が必要な旨を定めたものである。外資規制法はモンゴル鉱物資源の採掘および売買取引における中国の過剰参入を抑制する目的があったものと推察されるが，実際にはモンゴルが参入の期待を寄せる日本や韓国の参入意欲をも弱めてしまう結果となった（2012年12月）[13]。

具体的には，該当する外国企業は，まずモンゴルの外国投資局（Foreign Investment Agency）へ申請せねばならない。これを受けて外国投資局は，当該の外国投資に許可を与えるか否かについて，45日以内にモンゴル政府へ文書で提案を行う。この後，モンゴル政府は，当該の外国企業による投資を認めるか否かを45日間で決定する。また本法の発効前に実施された

11　Reuter（20 April 2012）
12　2012年9月4日付 日経新聞。
13　日経新聞電子版（2012年7月26）「モンゴル，外資規制ジレンマ　中国警戒で成長鈍化も」。

外国企業による株式取得に対しては対象外となる。本法によって外国企業が受ける最も大きな問題は，手続きに時間がかかることになった点だという指摘もある[14]。

　外資規制法の対象分野には，本命の「鉱物資源」とともに「金融」および「メディア・通信」も加えられたため，これまで資源とは無関係であった既存の現地日本企業への影響も懸念されることになった。例えば，モンゴルの携帯電話最大手モビコム（MOBICOM）には住友商事とKDDIが過半を出資している。またモンゴルで金融大手のハーン銀行は，エイチ・アイ・エス創業者の沢田秀雄氏が運営する独立系金融業「沢田ホールディングス」の子会社である。

　外資規制法は過去にさかのぼっては適用されないが，今後の増資時に日本企業も含む外国企業は出資比率を維持できない可能性が高い。また日本企業が現地で株式売却する際に，買い手がモンゴル企業に限定されてしまうために，譲渡金額が想定より安くなる可能性がある。リオ・ティント社が大きく関与する世界最大級の「オユ・トルゴイ」金銅鉱床についても，モンゴル政府は外資の影響力を抑えるために出資比率を増やそうとする動きがある[15]。

第8節　中国の資源メジャー「チャナルコ」（Chinalco）

　チャナルコ（CHINALCO，英語名：Aluminum Corporation of China，中国語名：中国鋁業公司）は，中国の中央政府が直接に管理監督を行う「中央企業」の1つであり，非鉄金属の開発・探査，子会社等の投資管理を主業としている。同社は2001年に12の国有企業と研究所が統合して設立され，

---

[14] WFW (2012) "NaturalResources-Mongolia-2012" によれば，「The most obvious implication of the newly introduced approval requirement would be the additional delay in effecting foreign investments.」（2012年1月12日アクセス，http://www.wfw.com/Publications/Publication1105/$File/WFW-NaturalResources-Mongolia-2012.pdf）。

[15] 日本経済新聞電子版（2012年7月26日）「モンゴル，外資規制ジレンマ　中国警戒で成長鈍化も」。

同年に子会社チャルコ（Chalco）を設立し主要事業を移管した。なお子会社のチャルコは2001年に香港証券取引所とニューヨーク証券取引所に上場し，2007年に上海証券取引所に上場している。

チャナルコは"資源メジャー"と呼ばれる世界規模の資源開発企業であり，2010年時点で資源メジャーは次の11社である。

(1) BHPB（ビー・エイチ・ピー・ビリトン：BHP Billiton Ltd），(2) Rio Tinto Group（リオ・ティント・グループ），(3) Anglo American（アングロ・アメリカン），(4) Vale（ヴァーレ：Vale S.A.），(5) Xstrata（エクストラータ），(6) FCX（フリーポート・マクモラン・カッパー・アンド・ゴールド：Freeport McMoran Copper & Gold Inc.），(7) CODELCO（コデルコ：Corporación Nacional del Cobre de Chile），(8) Norilsk（ノリリスク・ニッケル：N. MMC Norilsk Nickel），(9) Antofagasta（アントファガスタ），(10) Chinalco（チャナルコ），(11) Minmetals（中国五鉱集団公司：China Minmetals Corporation）。

これら資源メジャー11社の中で中国企業はチャナルコ（Chinalco）とミンメタル（minmetals）の2社であり，いずれも中国政府直轄の国営企業である。チャナルコは，2009年秋のリーマン・ショックによる世界金融危機以降の不景気で資金難に陥ったリオ・ティントに，2009年2月12日付けで195億ドル出資し，株式を9％保有する契約を結ぶと発表した。しかし2009年6月5日，リオ・ティントはチャナルコとの同契約を破棄した。契約の破棄によって，リオ・ティントはチャナルコに1億9,500万ドルの違約金を支払うことを合意したとされる。契約破棄の背景には，オーストラリア政府が定める独禁法に抵触する危惧があったこと，およびチャナルコからリオ・ティントへの中国人役員派遣についての拒否反応があったことが大きいと云われる。他方で，チャナルコとリオ・ティントは，西アフリカ，ギニアの鉄鉱石採掘プロジェクト（Simandou project）や中国国内の鉄鉱石プロジェクトで提携関係を結んでいる。

第9節 アイバンホー・マインズ社とロバート・フリードランド

＜ターコイズ・ヒル社＞

　リオ・ティント（Rio Tinto）社は2011年12月にカナダ資本企業のアイバンホー・マインズ（Ivanhoe MinesLtd.）社の株式の51％を取得して，同社の実質的な経営権を握り，その翌2012年8月2日付けで社名をアイバンホー・マインズからターコイズ・ヒル（Turquoise Hill Resources Ltd.）に変更した。主な業態はアジア太平洋地域における銅・金および石炭の採掘となっているが，現実にはモンゴル国内のオユ・トルゴイ鉱床での中国向け石炭採掘・生産が主業である。社名の「Turquoise Hill」（トルコ石の丘）は，モンゴル南部の銅・金鉱床で知られるOyu Tolgoi＝オユ・トルゴイ鉱床の別称である。元々，アイバンホー・マインズ社は，リオ・ティント社からの財政支援を得て，モンゴル国内のオユ・トルゴイ鉱床の開発を行ってきた経緯がある。

　そのターコイズ・ヒル社（旧アイバンホー・マインズ）は，小会社「サウス・ゴビ」の株式58％（最大60％）を中国のアルミ加工会社「チャルコ」（Chalco）へ売却しようとしたのである。

　なおモンゴル政府は2012年10月中旬，ターコイズ・ヒルとリオ・ティント社に対してオユ・トルゴイ投資協定の見直し交渉を提案したが，両社はいずれもこれを拒否している。同投資協定は，すでに2009年10月にモンゴル政府，アイバンホー，リオ・ティントの3者で調印され，2010年3月に発効している。

＜ロバート・フリードランド＞

　カナダの資源開発企業アイバンホー・マインズ社は，ロバート・フリードランドが1994年に設立した。当初，海外数ヵ所で資源開発を展開していたが，その数年後に，フリードランドは，モンゴルのオユ・トルゴイ（Oyu

Tolgoi，通称 OT）が未開発の金銅鉱床としては世界最大級であることを確信し，それまでオーストラリアに所有していた鉄鉱石鉱床を売却することで得た資金もオユ・トルゴイ鉱床の資源開発に注入するに至った。

その後さらに，世界有数の資源メジャーであるリオ・ティント社（Rio Tinto）もオユ・トルゴイ資源開発に参画することになる。当初はアイバンホー・マインズ社に数パーセントの資本出資する形でスタートしたが，次第に出資比率を高め，それまでの5.3％から2011年には49％へと増資した。さらに2012年4月にフリードランド自身が自社株をリオ・ティントに売却してアイバンホー・マインズ社のCEO（最高経営責任者）も辞したことで，リオ・ティント社による出資比率は51％に達し（モンゴル政府が34％），リオ・ティント社が実質的な経営権を握ることになった。

他方でモンゴル国民の間には，外資企業によるオユ・トルゴイ鉱床の開発を契機に，自国の鉱物資源を外国に売り渡すな，という資源ナショナリズムの考え方が芽生えていった。

こうした国民の意識はモンゴル政府の資源政策にも大きく影響を与えることになる。いわゆる「戦略的鉱床」の指定もこの一連の流れの中で行われたものと見ることができる。

したがって，オユ・トルゴイ鉱床の開発に深く関わり2012年までに35億ドル（約3,000億円）を投資したリオ・ティント社は，アイバンホー・マインズへの出資比率を今後さらに増やす意向があると伝えられるが，モンゴル国民の資源ナショナリズム感情を傷つけない配慮が必要になる。

なお，アイバンホー・マインズ（現ターコイズ・ヒル）社は，傘下にあるサウスゴビ・エネジー・リソーシズ社（South Gobi Energy Resources）を通じてオユ・トルゴイ鉱床の西部地区から採掘した石炭を中国へ輸送している[16]。

オユ・トルゴイの資源採掘プロジェクトが本格的にスタートするのは2013年の上半期と見られている。アイバンホー・マインズのCOEを辞したフリー

16　The Canadian Press（16 May 2012）"*The Globe and Mail*".

ドランドは，依然として同社の大株主の地位を保持しており，リオ・ティント社へ売却した株式収益を元に今後は，良質な銅鉱石が期待されるコンゴの鉱山，南アフリカの金銅鉱山などの開発を手がけると見られている[17]。モンゴル国民の目には，フリードランドのこうした行動がモンゴルの地下資源を（モンゴル国民から）安く買って（外国企業へ）高く売る山師的な人間と映るようである。

第10節 おわりに

モンゴルの資源ナショナリズムは，当分の間は現状のまま推移すると思われるが，他方で，2013年内の締結が見込まれる日本とのEPA（経済連携協定）を契機に，新たな地政学的変化がおきる可能性も捨てきれない。いずれにせよ，中国とロシアに囲まれている資源大国モンゴルにとって日本とのEPAは，日本側が想像する以上にモンゴルの政治・経済的な独立国家としての地位を高めるための試金石となるかもしれない[18]。

〔岩田伸人〕

---

17 フリードランドが手がける鉱物資源プロジェクトには，モンゴルのオユ・トルゴイ金銅鉱床の他に，カナダ東部のVoisey湾に近いニッケル鉱床，コンゴのKamoa銅鉱床，南アフリカのPlatreefプラチナ・金銅鉱床などがある。参考：Reuters (04 December 2012) *Robert Friedland eyes London Linsing for Ivanplats.*
18 岩田伸人（2012）「鉱物資源エネルギーから見た日本・モンゴルEPA交渉の現状と課題」『貿易と関税』3月号，39-45頁。

第4章

鉱業分野における政府＝外国投資家間紛争
―ドルノド・ウラン事件を中心に―

第1節　はじめに

　モンゴルは，市場経済移行過程で制定した法令のひとつとして「鉱物資源法」を1997年に制定した。これにより，鉱物資源開発が進んだ。鉱山部門は最大の産業となり，財政収入における鉱山部門の寄与が過半に至っている。

　最近は資源ナショナリズムの高揚によって鉱業分野における外資に関する法と政策はかなり変化している。その最たるものが2012年のSFI法（戦略的外資法。本章第2節4項参照）である。他方，外国投資家は法と政策の急激な変更から生じる損害に関し，政府との話合いを超えて仲裁と司法による解決を求めるようになっている。

　本章では，鉱業関係法再編に伴う混乱を概観したあと，政府と外国投資家との間で生じている数々の摩擦ないし法的紛争のうちから事例としてドルノド・ウラン事件をとりあげ，今後の対鉱業投資の教訓を得る手がかりにしたい。

第2節　鉱業向け投資に係る法と政策

1. 政府の一般的態度

　上述のように，モンゴルは資源ナショナリズムや環境保護を標榜し，この

分野への投資に対してさまざまな規制を設けてきている。2012年に成立した新政権も，資源ナショナリズム実現に向けて外資の制限を始めている。

現在，中国はモンゴルの採鉱資産の7割を支配しているといわれる。この事実にかんがみ，政治家たちは外国による支配全体に制限を加えようとしている。

例えば，中国最大のアルミ生産販売業者である中国アルミニウム（中國鋁業股份有限公司，Aluminum Corporation of China Limited，以下，「CHALCO」）は，サウスゴビ・リソーセズ社（SouthGobi Resources Ltd.）における株主であるが，2012年4月，サウスゴビ・リソーセズ最大の株主であるトゥルコワーズ・ヒル・リソーセズ社（Turquoise Hill Resources Ltd. カナダ法人）との間で所有株式57.6％を9億3,800万ドルで取得する旨の合意書に署名した。SFI法が議会を通過したのは，この数週間あとである。法の意図は，戦略的分野における外国企業の優位性を抑止することにあった。例えば，外国投資家が3分の1以上の株式を取得するためには，政府の許可を要することになった（同法4条2項，5条1項，6条1項）。

このあと，モンゴル政府は，サウスゴビの子会社に対して探鉱・開発活動を停止するよう求めている。この動きは，CHALCOによる買収が引き金となったものと憶測されている。けっきょくCHALCOは2012年8月この買収を断念せざるを得なくなっている。

本節では，重要な意味を有する関係法令3法をとりあげる。

2. 原子力エネルギー法

2009年，議会は鉱業とウラン（若干のレアアースを含む）に関して重要な制限を課すこととなった。同年には「原子力エネルギー法（以下，「NEL」）が成立し，原子力エネルギー庁（Nuclear Energy Authority. 以下，「NEA」）と国営のモンアトム社（MonAtom LLC）が創設された。モンアトム社の目的は，同法の施行によって政府が取得するウランの探査・採掘権と操業企業体を保有・管理することである。

NELは，次のような条件を課している。すなわち，現行のウラン探査・採掘ライセンスを即刻廃止し，すべての保有者がライセンスをNEAに有料で登録することを求める（同法26条5項）；探鉱及び埋蔵量の確定が国家資金によって行われた放射性鉱物鉱床が他の者との合弁で開発された場合には，国家は合弁で設立する会社の株式等の51％以上を無償で直接に所有することにする（5条2項）；及び，放射性鉱物開発の特別ライセンスを保有する会社が探鉱及び埋蔵量の確定を国家資金の費消なしに行い，その確定が国家統合登録簿に記帳された場合には，国家は当該会社の株式等の34％以上を無償で直接に所有する（同条3項）。

ウランについては，鉱物・金属資源に関する現行の法的枠組みとはべつに特別のライセンス制度を創設した（同法3章）。NEL施行前は，探鉱ライセンスはそれぞれの保有者に対してライセンス対象地域内でいかなる鉱物・金属資源をも発見・開発することのできる権利を付与していた（石油はここに含めず，別個に管理されていた）。NELでは，国がウラン探査のライセンスを発給することになった（15条1項）。

外国投資家，国内投資家の双方は，この法律と実施方式が不透明かつ収用的だとしている。この法が鉱物分野向け投資に係る法規を急激に変更するものであり，投資受入れ国として信頼性を失わせるというのである。

これに対して，モンゴル政府は，この法律は収用的なものではないと反論している。この法律は，投資家に対して経済的権利と財産の損失に対して補償いかなる義務も明白に拒否しているので，投資家にとっては政府による収用行為は脅威となる。

この脅威は現実のものとなり，政府がカナダのハーン・リソーセズ社（Khan Resources Inc. 以下「ハーン・カナダ」）のウラン鉱床開発のライセンスを補償の正当な手続もなく無効にした。剥奪した企業の諸権利はロシア＝モンゴル合弁の国営会社に帰属することとなった。ハーン・カナダ側は，NEAの行為を収用かつ違法なものであるとして，「エネルギー憲章条約」（Energy Charter Treaty），モンゴル外資法及びモンゴル政府との間の2005年合弁会社設立基本協定（Founding Agreement）を根拠に，モンゴ

ル政府側を被申立人とする仲裁判断を求めて，国連国際商取引法委員会（UNCITRAL）仲裁規則によって設置される仲裁廷に事件を付託した。本章の第5節は，この事件をとりあげたものである。

3. 水源森林法

2009年，モンゴルは「水源保護地域及び森林地帯における鉱物資源の探査及び採掘活動の禁止に関する法律」（以下，「水源森林法」）を制定し，「戦略的重要鉱床」（deposits of strategic importance. 本章第4節2）は除くものの，当該地域における鉱物資源の探査及び採掘を禁止した。

2008年議会決議35号附属資料『モンゴル政府行動計画，2008-2012』の第3部「生態系バランス持続目標」の2.10には，次のようなことが記されている。すなわち，川岸，流域，森林地，ゴビのオアシス，特定の自然景観及びその緩衝地区に近接する金埋蔵地域での一切の探査・採掘活動を禁止し，環境と人間の健康に有害な技術を使っての鉱業活動を全面的に禁止するということである。今回の法律は，この行動計画を実現するためのものとされている。その後，2012年9月に議会で承認された新しい『政府プラットフォーム，2012-2016』では，「経済事業体及び法的事業体に発給される鉱業ライセンスの数に関して一定の制限を設け」，「探鉱ライセンスは国家が認可する地域に対してのみ発給される」とされている。また，個人ないし事業体が保有する鉱物資源のライセンスの数を制限することとしている。

水源森林法が目的とするところは，主として森林と水源の中とその周囲で砂金最終活動を行うことによって引き起こされる環境破壊を防止し，探鉱権と鉱業権に次のような制限を課すことであった。すなわち，水源と森林資源の200メートル以内での探鉱ライセンスをすべて廃止又は修正する；これにより，現在行われている鉱業活動からすでに生じている探鉱費又は失った収益については，政府が権利保有者に対して補償を行うことを求める；及び，鉱業を可能とする実際の地区を決定する権限を現地の担当官に与える。これにより，現地担当官は自己の裁量によって最低200メートルは広げることができる。

投資家によれば，この法律は先述の NEL と同じく，政府が国民に対して十分なレビューの時間を与えずに通過させたものであり，その後の施行規則等の作成過程も関係当事者の参加はほとんどなしで進められた。できあがった規制制度はライセンス取消しの方法や基準を特定したものではなく，取消しの不服を申し立てる方法についても何ら定めていない。中央，地方及び現地の担当官に対しては，ライセンシーの権利を無制限に剥奪する裁量権を与えているように思われる。

この法律は，「戦略的重要鉱床」（本章第 4 節 2）に係るライセンスを保有する企業を適用除外となるが，その代わりに政府が出資者として関与してくる。

投資家は，この法律と実施方法が前述の NEL と同じく不透明かつ収用的であると非難している。すなわち，この法律の場合には，政府は何らの通告もなく専横的に 240 を超える鉱山の鉱業ライセンスを突如停止しこれを取り消し，そのあとベつの約 1,600 のライセンシーの権利を無効とすることになった。政府は，さらに 2012 年 11 月までに金鉱業ライセンス 460 件，非金鉱業ライセンス 931 件のすべてを取り消すとしている。この取消しを実施した場合には，政府が支払うべき補償額は 40 億ドルと見込まれている。水法では補償がなされることになっているが，政府はライセンス保有者に補償を行うための詳細な計画を作成してこなかった。ライセンス取消しの対象となった外資系事業体に対して支払われる補償が国際法上の「妥当な」（appropriate）ものになるか否かが外国投資家にとっての関心事である。

4. SFI 法
(1) 制定の目的

2012 年 5 月，「戦略的分野で操業する事業体への外国投資の規制に関するモンゴル法」（略称，Strategic Foreign Investment Law. 以下，「SFI 法」）が制定され，同月 28 日に発効し，6 月 19 日付官報で公布された。

この法律は，「戦略的重要性を有する事業体」（Business Entity of Strategic Importance. 以下，「BESI」）に外国投資家が出資参加をする場

合に，出資比率，投資額に一定の規制を行うことを目的にしている。

　国家安全保障上戦略的重要性を有する分野とは，(1)鉱業，(2)銀行及び金融，並びに(3)メディア及び通信のことである（5条1項）。これだけでは具体的にどのような事業が対象となるのかは不明であるが，少なくとも鉱業に関しては石油・ガス産業を含むことが議会会期中に確認されている。

　SFI法は，現行の1993年外資法を補完するものとされている。93年外資法は，外国投資家に対して政府の事前承認を取得することなくモンゴルの会社ないし投資の過半数ないし全額を所有しうることを認めていた。例えば，1995年設立のモンゴル最大のモバイル・オペレータであるモビコム（MobiCom Corp.）でも，出資比率は日本側が過半数（2007年現在，住友商事34％，KDDI 30％）を占め，モンゴル側のニューコム（Newcom LLC）は36％にとどまっている。この承認要件は遡って適用しないとしているので，これを信じる限り，承認用件は発効後に締結された取引行為に対してのみ関わってくることになる。

　SFI法はさらに戦略的分野の会社への出資者たる現行と今後の投資家双方に対して新しい通知要件を適用し，SFI法のもとで当該事業体が通知を行うよう義務づけている。

(2) 要許可対象の投資

　SFI法が対象とする投資であって政府の許可又は議会の承認を要するものが何であるかについては，法律そのものが不十分なため，正確には説明できない。また，現地の法律事務所の説明にも，条文の内容と整合しない箇所が多々ある。強いて筆者の解釈を優先させれば，要許可対象となる投資は次のようになる。

［投資1］

　外国の国家が所有する法的構成体（所有が全部であると一部であるとを問わない），国際機関，それらの関連構成体又は第三者が，モンゴルで操業したり，又は事業活動を行っている事業体及び（又は）その関連事業体若しくは第三者に投資を行ったりする場合には，モンゴルにおいて登記（又は登録）されている事業体を通じて，政府から許可を取得しなければならない

（3条1項）。

　SFI法の英訳文による限り，この項は，操業又は投資が戦略的重要性を有する部門での操業又は投資に限定していないので，戦略的重要性を有しない部門での操業又は投資も，政府からの許可取得を義務づけられていると解釈しなければならない。

　「国際機関」についていえば，モンゴルが当該国際機関設立条約の締約国である場合には，この規定は適用されない。したがって，例えば欧州復興開発銀行（EBRD）や世銀グループの国際金融公社（IFC）は，モンゴルが加盟国であることから，この規定の適用除外ということになる。

　「第三者」とは，外国投資家及び「共通権益を有する関連事業体」と継続的な連結性を有しかつモンゴルで登記されていない法人又は個人のことである（2条2項5号）。「共通の権益を有する関連事業体」については，会社法99条1項に規定があり，そこには8つの形態が列挙されている。詳細は省くが，例えば特別の取決めによって会社の経営に関する決定を行う可能性を有する個人・個人の集団・会社等と関連を有する者，家族・親・子・孫・兄弟姉妹・その他親戚の一員と関連を有する者等が列挙されている。

［投資2］

　外国投資家，その関連事業体若しくは第三者が，戦略的重要性を有する部門すなわち鉱業，銀行・金融，メディア・通信のいずれかの部門で操業したり，又はそれらの事業体との間で以下の取引を行ったりする場合には，BESIを通じて，政府から許可を取得しなければならない（4条2項，5条1項，6条1項）。すなわち，

　取引形態1—戦略的重要事業体である会社の株式（又は持分）の3分の1又はそれ以上を取得する権利を提供する取引。

　この取引の対価に関しては，モンゴル税法に従って納付すべき税を国家歳入に払い込むものとし，BESIであってモンゴルで登記（又は登録）した者がこの納付の責を負う（6条3項）；

　取引形態2—BESIのそれぞれの場合に，一方的に業務執行取締役を任命し若しくは業務執行管理チームの過半数を任命し若しくは取締役会の過半数

を無条件で任命する権利を提供する取引。

　私見によれば，この規定は明らかに「パフォーマンス要求」に該当する。SFI 法はモンゴルが締約国となっている国際条約の範囲内で行われる外国投資の実施に係る関係に対しては適用されないとしているが（4 条 3 項），日本＝モンゴル BIT （「投資の促進及び保護に関する日本国とモンゴルとの間の協定」には，このような要請を排除する規定はない。ただし，例えばアメリカ＝モンゴル BIT には，(1)「高級職員」(top managerial personnel) 配置自由の権利に関する規定があり（同協定 2 条 4 項），(2)「パフォーマンス要求」を禁じる規定もあり（同条 5 項），(3)同協定附属書においてモンゴル側は銀行・金融については適用を留保するものの，鉱業には言及していない（附属書 3）。したがって，日本＝モンゴル BIT には投資の許可及び投資の許可に関連する事項に関して最恵国待遇を確保しているので（同協定 2 条 2 項），日本からの対モンゴル鉱業投資に対して SFI 法のこの規定が適用された場合には，問題が惹起される可能性がある；

　取引形態 3 ─ BESI の経営決定に対する拒否権を提供すること。

　この規定にも上記説明が関連してくる；

　取引形態 4 ─ 戦略的重要性を有する部門で操業する事業体の管理機能を実施し，その決定を方向づけ又はその事業活動を執行する権利を提供する取引。

　この規定にも，上記説明が関連してくる；

　取引形態 5 ─ 加工済若しくは未加工の鉱業産品の国際市場若しくはモンゴルの商品市場で買手若しくは売手の独占状態を創出する取引；

　取引形態 6 ─ 輸出用のモンゴル鉱業産品の市場又は価格に直接若しくは間接に影響を与える取引；又は

　取引形態 7 ─ BESI において，直接に若しくは関連事業体若しくは第三者を通じて外国投資家が保有する株式（又は持分）の減少を生じさせる取引。

　この取引の対価に関しては，モンゴル税法に従って納付すべき税を国家歳入に払い込むものとし，BESI であってモンゴルで登記（又は登録）した者がこの納付の責を負うことになっている（6 条 3 項）。

［投資3］

モンゴル領域外で行われた取引が上記第1，第2の取引と同様の特質を有する場合には，SFI法が適用される（4条5項）。

［投資4］

BESIの株式（又は持分）所有が49％を超えかつかかる取引のための投資額が1,000億トグログを超える場合には，議会が，政府による提出後に，承認を与えるか否かの決定を行う。その他の場合には，すべて政府が許可を与えるか否かの決定を行うものとする（4条7項）。

なお，2012年12月には，鉱業省がこの1,000億トグログという下限を引き上げるとの情報が流れている。ガンホヤグ鉱業大臣には，その額を3～4倍に広げてもよいとの意向もあるようである。

以上の投資形態に関して，日本の資源投資企業がこの規定によって許可が得られない場合には，アメリカ＝モンゴルBITにあるパフォーマンス要求禁止規定を援用し，日本＝モンゴルBITの最恵国待遇規定を以て対抗することができるかもしれない。

(3) 関連事項

第一に，外国投資家，その他共通の権益を有する関連事業体及び第三者は，この法律の規定に違反してBESIと取引を行うことを禁止される（4条4項）。「第三者」と「共通権益を有する関連事業体」の定義は先述のとおりである。

第二に，SFI法は，BESIを新規に設立したり又はBESIの株式（又は持分）を取得したりする外国投資家，関連事業体又は第三者に対して等しく適用される（3条1項，4条6項）。

第三に，BESIが財又はサービスを調達するときは，内国事業体に対して優先位を与えるものとし，かかる優先位に係る手続は政府が作成することになる（4条8項）。

8項の規定は，WTO協定の「貿易関連投資措置」（TRIMs）に例示されるガット3条違反の国産品使用要請に該当する。ただし，SFI法はモンゴルが締約国となっている国際条約の範囲内で行われる外国投資の実施に係る関

係に対しては適用されないとしている（4条3項）。日本＝モンゴル BIT は TRIMs を講じることを認めていないので（同協定15条），SFI 法8項は適用されないものと思われる。

(4) 審査及び決定

外国投資を所掌する国家機関すなわち FIFTA は，申請書を受理した場合には，次の状況が生じるか否かを検証する（7条3項）。すなわち，当該投資の活動又は性質がモンゴルの国家安全保障概念と矛盾するか否か；申請人がモンゴルの法令又は確立された事業慣行に従う能力を有しているか否か；その投資の性質が当該分野において競争を制限したり支配的地位を造出したりするようなものか否か；その投資がモンゴルの国家予算又はその他政策ないし活動にかなりの悪効果をもたらすものか否か；又はその投資が当該分野の操業にマイナス効果をもたらすものか否か。

FIFTA は，申請書類受理から45日以内に許可付与に関する提案を政府に提出し，さらにその45日以内に政府がその取引の許可の付与又は拒否に関して最終決定を行う。政府の決定は，その後5日以内に FIFTA から申請人に通知される（7条4～6項）。

なお，2013年1月の情報では，鉱業省がこの45日という審査期間に関して改正することを検討しているとの報道がある。

(5) 通知手続

外国投資家が BESI の5％から33.33％（正しくは，3分の1）の株式（又は持分）を取得した場合には，その取得から30日以内に FIFTA に通知することを要する（6条1項1号及び8条1項）。

SFI 法発効時に外国投資家が5％以上を保有している BESI は，当該投資家の株式（又は持分）に関する情報を，同法施行日から180日以内に FIFTA に提出することを要する（8条2項）。

(6) 法的効力

SFI 法の規定に違反する取引は無効となる。その場合には，関連当局が BESI の活動を終結させ，その免許を無効にすることになる（9条）。ライセンス取消しに係るこの制裁実施を可能にするため，鉱物資源法とライセン

ス法 14 条（ライセンス取消し）の改正等も行われている。

(7) 問題点

この法律は，2012 年 6 月の総選挙を意識し作成されたものである。実質的な規定はきわめて少なく，法案の内容・文言や適用範囲には不確実な点が多い。したがって，施行に当たっては，行政機関が広範な裁量権を行使することになろう。ただし，法律が経済にマイナス効果をもたらした場合には直ちにそれを廃止又は施行停止するという先例があるので，この法律の今後については何ともいえない。

具体的な問題点として専門家が指摘しているのは，次のようなものである。

第一に，SFI 法が定める許可手続に関しては，最初に FIFTA に申請し，次に政府に回送され，国会に承認を求めるという複雑なプロセスになっている。このような手続は許可をかなり遅延させる原因ともなり，国会が休会中などの場合には承認手続が完全に停止する可能性もある。そのうえ，取引額の如何を問わず，外国の国有企業によるすべての投資及び戦略的分野におけるすべての外国投資に対して SFI 法が適用されることから，許可・承認手続はさらに遅延することになろう，

第二に，国会の承認を要する取引に関して，SFI 法は，外国投資家による BESI への 49％超という外国投資に 1,000 億トグログという金額基準を設けているが，その金額が当該 BESI 株式（持分）の市場価額又は帳簿価額に基づくものなのか，それとも取引金額に基づいて計算されるものなのかといった点が不明である。おそらくは取引時点での市場価額で決定されるものと思われるが，明示的な規定は見ていない。

第三に，SFI 法には，その遡及適用に関して明示的な定めがないものの，議会会期では同法が遡及的な効力を有さないとの表明がなされた。しかしながら，現在モンゴルで操業している外国投資家には適用され，したがって BESI で現在所有している出資（持分）は SFI 法の適用外であるものの，その出資（持分）に係る今後の取引に対しては同法が適用されることになる。

第四に，SFI 法は，外国政府が所有する企業や国際機関等による投資に関

してはきわめて制限的であり，その投資額や投資先分野に関係なく同法が適用されることになる。

　第五に，SFI 法ではモンゴルが当事国である条約が SFI 法と矛盾する場合には，当該条約の規定が優先されると規定されている。現在，モンゴルは中国，ロシア，イギリス，アメリカ，オランダ等と二国間投資協定（BIT）や二重課税防止条約を締結しており，エネルギー憲章条約も採択している。これらの条約は，一般に関係当事国で設立された事業体に対して「不利ではない待遇」を与えるものであるから，これら企業が SFI 法の適用除外とされるかどうかが不明となる。しかし，上記条約の実施は困難であることが多く，外国投資者にとってこの恩典の規定は甚だ疑問である。いずれにせよ，これからの外国投資家は，SFI 法における上記規定の法的影響を注意深く考慮する必要がある。

5. パフォーマンス要求

　パフォーマンス要求（Performance requirements）とは，投資受入れ国が外国投資家に対するさまざまな履行要請である。このなかには，国産品使用要求，輸出要求，製造制限，為替規制，送金規制，現地側出資要求，ライセンシング要求などが含まれる。

　モンゴル政府が外国投資家に対してパフォーマンス要求を課してくる場合は限られているが，石油・鉱物探査の企業は例外とされる。まず，モンゴル石油管理庁（PAM）は，探査活動の実施に同意する企業に対して石油探査ライセンスを発給する。活動の規模と範囲は PAM との間で合意されるものであり，その合意は拘束力を有することになる。当該企業が探査の約束を履行しなかった場合には，企業は PAM に対して探査ライセンスに記載された面積をもとに算出される罰金を支払い，ライセンスを PAM に返還しなければならない。この手続は，石油探査部門へのすべての投資家に適用される。

　次に，そのほかの鉱物資源について言えば，ライセンスの取得・保持は実際に探鉱活動を行うか否かによる。2006 年鉱物資源法（後出）によれば，探鉱企業は，年ごとに作業計画を提出して，前年の履行約束の実行について報

告しなければならない（同法48条）。毎年そのすべてが産業通商省の外局たるモンゴル鉱物資源管理庁（MRAM）による検査の対象とされる。事業上の要件を履行しないときは，罰金，停止又は探査権の廃止ということになる。

さらに，鉱床が「戦略的重要鉱床」（3節2参照）の場合，国の資金で探査をしたものについては，国は上限50％，国の資金でなく民間の資金で開発されたときはそれ以外については上限34％まで参入することができる。また，戦略的重要鉱床の採掘権保有者は株式の10％以上を，モンゴル証券取引所（MSE）に上場しなければならない。非戦略的鉱床の開発に関わる鉱山会社は，政府から証券取引所に上場するよう執拗に圧力をかけられたと報告をしているが，そのようなことは法令上の要求するところではない。内外の投資家と鉱山会社は政府が上場を要求してくることには原則として反対はしていないが，法令も政府も，上場をどのように達成させようとするのかといった点について明確で透明性のあるガイダンスを提示しているわけではない。

第3節　鉱業関係法令の改廃

1. 鉱山開発と鉱物資源法

モンゴルは，市場経済移行過程で制定した法令のひとつとして，1997年に「鉱物資源法」を制定している（以下，「1997年鉱物資源法」）。この法律は，商業的鉱山活動を行ううえでの健全な基礎を築き，探鉱，採掘，所有に関して透明，安全かつ譲渡可能な権利の制度を確立することを目的にしていた。これによって，2001年以降，鉱物資源の探鉱，採掘ブームが起こった。この結果，巨大な鉱床も次々に発見された。2005年までに鉱山部門はモンゴル最大の産業となり，現在では財政収入における鉱山部門の寄与が過半に至っている。

2. 鉱物資源法の改正

上記1997年鉱物資源法は2006年に改正され、いくつかの根本方針が変更された（以下、「2006年鉱物資源法」）。2006年鉱物資源法の重要な点は、次の3点すなわち(1)「戦略的重要鉱床」に関して国家の出資比率を著しく増加させること、(2)その出資額の一部をモンゴル証券市場に上場させること、及び(3)外国人の雇用比率を制限することである。

3. 投資協定
(1) 外資法上の安定協定

安定ないし安定化（Stability/Stabilization）とは、税率と賦課基準を協定期間中は安定させることである。モデル協定によれば、対象となる税は法人税、輸入関税、付加価値税などである。

外資法では、200万ドル以上又はそれに相当するモンゴル通貨で投資を行うことを企図する外国投資家は、「租税政策問題を所掌する閣僚」すなわち大蔵大臣に対して事業活動の安定的環境の法的保証を求めて安定協定ないし安定化協定の締結の申請を行い、これを締結することができる。

安定協定のモデル協定は、1997年命令226号によって政府が承認し、次いで2001年決議46号が1997年決議を廃止し、2001年同決議の附属書としてのモデルを現行のものとしている。ただし、この規定の適用は外資案件を限定したものではない。

また、改正前の1997年鉱物資源法では、鉱業ライセンス保有者が、期初の5年間に200万ドル以上の投資を鉱業プロジェクトに行う場合に安定協定の締結を希望する者は、大蔵省に申請書と協定草案を提出するものとするとなっていた（21条1項）。この規定によれば、鉱業投資の場合には、期初の5年間の投資が200万ドル未満のときは安定協定を結ぶことができなかったことになる。

このモデル協定に基づいて、いくつかの投資家がモンゴル政府との間で安定協定を締結している。例えば、1998年にはモンゴルと中国の亜鉛鉱開発合弁会社ツァイルトミネラル社（Tsairt Minerals LLC）が最初に安定協

定を締結し，次いでボルーゴールド社（KOO Boroo Gold. カナダ系），さらにヴォストークネフテガス社（KOO Vostokneftegaz. VNGM. ロシア系）ほかがこれに続いた。

2006年鉱物資源法は，投資家が政府との間で「投資協定」（Investment Agreement）を締結することができるという規定を設けた。すなわち，採掘権ライセンスの保有者が5,000万ド以上の投資を行う場合に政府との間で投資協定を締結することができる。

2008年5月の外資法改正の際に，鉱物資源法の2006年改正に合わせて外資法上の安定協定の規定を大幅に改正しなかったために，上記投資協定と外資法と上記モデル安定協定との間に整合性がなくなっている。

一般には，少なくとも鉱業分野向け投資に関しては安定協定が投資協定にとって代わられたとされている。しかし，外資法と上記モデル協定は，政府との締結当事者として「外資を伴う現地会社であって，鉱床探査のライセンスを保有しているもの」を想定している。上記のように，外資法の解釈上，安定協定の対象分野が鉱業分野に限定されているわけではない。投資協定を鉱業分野に限るとしても，従来の安定協定をそのまま有効とするのか，すべて改正して新たに投資協定とするのかという点に関して，法令上の整備は十分になされていない。

(2) 鉱物資源法上の投資協定

投資協定の締結を認めるに至った法的基盤としては，ほかに投資協定を締結するための主要な原則及び方針を承認する2008年12月20日付議会決議40号及び政府が投資協定を締結することを容認する2009年7月16日議会決議57号がある。

上記2008年決議によれば，投資協定に織り込むべき条項は，次のとおりである（同法29条）。すなわち，安定的な租税環境；ライセンス保有者が産品を国際市場価格で販売する権利；環境及び公衆衛生に対する被害を最小限に抑える鉱物採掘；ライセンス保有者が販売から生じる所得を自己の裁量で管理する権利の保証；ライセンス保有者の投資の額及び期間；環境の保護及び再生；他の産業及び操業に関する非ネガティブ効果；地域の発展及び一層

の雇用創出；及び発生した損害に対する補償。

上記安定税条項に関連して，その後税率の変更等があってもそれを適用しない旨の条項（グランドファーザー条項）を織り込まれることがある。

さらに，2009年決議の内容は，次のとおりである。すなわち，2006年鉱物資源法に従って，オユ・トルゴイ鉱床のライセンス保有者に対する政府の所有は34％からスタートする；オユ・トルゴイ投資協定は，現行の法令及び2008年決議に定める原則及び方針の範囲で作成される；政府は，投資家との間で，期初投資のリカバリーに基づいて政府所有を50％以上に増加させる法的環境を創出するための取決めを行う；並びにこの決議の実行に関する査閲は経済常任委員会が行う。

アイヴァンホー・マインズ社はこの決議に対して受諾拒否の声明を発表したが，最終的には妥協のもとに受諾せざるを得なかった。

(3) **投資協定に係る法令の改廃**

2006年鉱物資源法に関連して廃止及び改正をされた法令は，次のとおりである。すなわち，「ウィンドフォール利潤税法の廃止に関する法」（WPT廃止法。2008年制定。同法により，WPTは2011年1月から廃止）；法人税の改正（発生した損失はすべて，投資額に応じて4～8年にわたって控除）；自動車道路法の改正（国道カテゴリーの自動車道路への民間投資を認める）；水法の改正（投資家の資金で発見した水は当該プロジェクトで使用することを認め，超過する水は第三者のために使用することを認める）。

(4) **投資協定の締結手続**

投資協定の締結を希望するライセンス保有者は，協定草案を財務，地質，鉱業，環境所管の各省庁に提出する。その際に添付する書類は，採掘活動の期間及び期初5年間における投資額，採掘生産能力，採掘産品の種類，採掘方法及び技術並びに埋蔵物が国の埋蔵登録局に登録されていることを示す閣議の記録である。

上記各省庁は，協定草案と添付書類を審査し，同法の要件に適合しているか否かを10事業日以内にライセンス保有者に通知する。

財務，地質，鉱業及び環境を所管する各省庁は，要請書，協定案及び添付

書類の受理後3カ月を問題点検討の期間として認められ，必要があれば各省と専門家のコメントと専門的意見に基づいて問題点を明確化するために更に3カ月間の延長を認められる。

投資協定が署名されたときは，協定の条件を中央銀行たるモンゴル銀行（BOM）その他関連当局に通知する。

4. ウィンドフォール利潤税法の制定

ウィンドフォール利潤税法（「若干の商品に対する価格上昇＜ウィンドフォール＞税の賦課に関するモンゴル法」。以下，「WPT法」）が制定されたのは2006年である。政府は，WPT法に基づいて金及び銅鉱石に関するWPTを導入した。WPT法によれば，金及び銅鉱石の販売価格がBOMの定める販売価格を超過する場合に，68％のWPTを課すというものである（7条）。この場合の「超過」とは，金の場合にはロンドン金属取引所（LME）での1オンス当たり販売価格が850ドルを超えるとき，銅の場合には1トン当たり2,600ドルを超えるときである（6条2,3項）。

ちなみに，一般の鉱物資源に係る法人税は，30億トグログ未満の年間課税対象所得に対して10％，30億トグログ以上のときは3億トグログ（30億トグログ×10％）＋30億トグログを超えた所得×25％となっている。このほか，関税が5％，ロイヤルティーが販売・出荷・使用された量に対して5％，エネルギー用に国内で販売された石炭及び広範囲にわたる資源に対して2.5％，VATが10％，鉱物輸出税（金，銅など）が0％である。これら諸税に上記のWPTを合算すると，金・銅鉱山会社が負担する税は所得の100％に近くなることもあり得た。このため，WPT法は批判に曝され，2011年1月1日から廃止されることになった。

5. 鉱山行政の不備

2006年鉱物資源法は，さまざまな新しい権限を中央，地方ないし現地の担当官に付与している。例えば，鉱業権のライセンスの保有者が権限を乱用した場合には，契約を解除することなく，ライセンス保有者の権利を否認し

て，探査権ないし採掘権を行使することを妨げることができる。

　産業通商省と MRAM も，今やかなりの裁量権を有している。この2省庁が鉱山企業を悩ませる存在であり，企業としてはこの官庁の権限が汚職と MRAM の恣意的な決定の源になるのではないかと恐れている。

　1997年鉱物資源法のもとで認められてきた現行の権利の取消し方法については，何らの規定も置いていないので，鉱山会社収用発生の可能性は否定しえない。

　2007年，政府は事前警告も協議もなしに34のサイトに関わる18企業の探査権を無効としている。例えば，MRAM が，中国系鉱山会社の鉱業ライセンスを突如取り消したり，ほかの企業に対しても現行の鉱業ライセンスや探鉱権を破棄し新規の契約に切り換えさせようとしたりする。現行の鉱業法規が，そのような権限を MRAM に付与しているわけではない。

　さらに地方政府の態度に関して言えば，鉱業許可書の発給に関して地方政府の担当官が鉱業権の法的付与を求める申請を恣意的にブロックする傾向がみられるようである。担当官によっては，鉱物探査用地を取り上げるために特殊利用のための地区を選定するという権利の濫用があるといわれる。また，地方政府の首長は，中央政府が鉱業事業者に対して法的に探査権を付与しているにもかかわらず，べつの用地と代替させることも行うようである。

　さらに，サイト内の農地が被害を受けたと担当官がクレームをつけ，このため鉱山業者は地表資源にアクセスできなくなってしまったという例も報告されている。べつの鉱山業者は，地方官僚が水の利用と鉱業ライセンスの許可に当たって権利の誤用があったと批判している。動機は別としても，担当官の行為は利用拒否という官僚主義的なもので，鉱山業者は「しのびよる収用」(creeping expropriation) に近いものと主張している。

　中央政府と地方政府の権限行使の棲み分けについては，2006年鉱物資源法に規定がない。両者の権限に明確な境界がない場合には，中央政府が地方政府と異なった解釈をするので，当然に利害関係者の間で摩擦が生じることになる。

6. いくつかの問題点

　以上の鉱物資源法の改正，税法の制定と鉱山行政の不備は，外資による鉱山開発にとって魅力の後退につながっている。鉱物資源価格の急騰から，2007年にはモンゴル議会が2006年鉱物資源法をさらに改正して，政府の一層の参入を進めようとする動きを見せた。2008年9月15日以降の世界金融危機のもとでは鉱物資源価格が急落し，モンゴル側の国家参入比率の一層の増加等の論争は沈静化し，2009年10月には数年間の交渉を要したオユ・トルゴイの投資協定（モンゴル政府＝投資企業）の締結をみることになった。

　鉱物資源政策に係る鉱物資源法の改正が政争の具となったこともあり，投資家はモンゴルにおけるソブリン・リスク上の懸念を感じ，モンゴルから撤退する大手企業も出てきている。本章第5節でとりあげる事件は，国家参加をめぐって外資系企業とモンゴル政府との間に生じた紛争のひとつである。

第4節　鉱物資源法

1. 概要

　2006年鉱物資源法の重要な点は，前出「戦略的重要鉱床」に関して国家の参入比率を著しく増加させ（同法第5条4，5項），当該鉱床への出資額の一部をモンゴル証券市場に上場させること，外国人の雇用比率を10％に制限することである（同条6項）。

　同法は，水，石油，天然ガスを除くすべての鉱物資源の探鉱，開発に適用される。地表及び地中の鉱物資源は国家資産である（同条1項）。国家は所有者として探鉱権，採掘権を付与することができる（同条2項）。

2. 戦略的重要鉱床

　同法は，鉱床を「戦略的重要鉱床」，「一般鉱床」（建設資材として使用される沈殿物，鉱石），「通常鉱床」（戦略的重要鉱床と一般鉱床以外の鉱床）の3つに分類されている（6条1項）。「戦略的重要鉱床」とは，「国家安全

保障，全国レベル及び地域レベルでの国の経済社会開発に対する潜在的影響を有する鉱床又は特定年における国内総生産の5％以上を生産し又は生産の可能性を有する規模の鉱床」を意味する（4条1項11号）。通常鉱床は，戦略的重要鉱床と一般鉱床以外の鉱床である。

戦略的重要鉱床であるか否かを決定する権限は最終的には議会に帰属している。実際には，政府が世界的クラスにある銅鉱床と石炭埋蔵地及びすべての希土類元素及びウランを戦略的鉱床と定めている。議会が戦略的重要鉱床と決定したものは，オユ・トルゴイ鉱床を含む15鉱床，その候補として39鉱床がリストアップされている。戦略的重要鉱床の位置は全土にわたって存在する。

3. 国家の出資参加
(1) 国営持株会社の設立

2006年鉱物資源法により，国家は国家の所有権を有する法的構成体を通じて，「戦略的重要鉱床」の探査・開発についてさまざまな干渉を行うことを認められた（同法9条1項8号）。これを受けて政府全額出資のエルデネスMGL社が設立されている。同社設立に直接に係る法令等は，次のとおりである。すなわち，2006年鉱物資源法（9条1項8号，5条4，5項）；2006年閣議決議266号（戦略的鉱床でありかつ国の資金による鉱床を探査・開発し，埋蔵物の評価を行い，国が所有する鉱物資産を管理するための特別許可を保有することを目的とした国営の持株会社を設立するための決議）；及び2007年2月22日付国有財産委員会決議52号（戦略的でありかつ国の資金による鉱床における国の権益を代表するエルデネスMGL社を設立し，同社の定款を承認するための決議）。

(2) 国の出資

戦略的重要鉱床の場合，国の資金で探査を行ったものについては，国は上限50％（2006年鉱物資源法5条4項），政府予算以外の資金で探査をしたときは上限34％まで参入することができることとしている。いずれのときも，国の参加（ないし出資）は，国の投資額を参酌して，投資協定締結時に決定

されることになっている（同条4項及び5項前段）。

　民間資金で探査を行ったものについては，国が投資を行った額に基づいて国と企業の間の協定によって決定される。議会は，政府（主務省庁）が行う提案又は公的な数字に基づいて国家の参加（ないし出資）を決定することになる（同条5項後段）。

　操業中のプロジェクトに途中で国が参加（ないし出資）をする場合には，国が取得するシェアに対して公正な市場価額に基づいて補償を行うことを約束している。その場合には，部分収ないし紛争の事例は限られているが，現在のところ政府はこの約束を履行するとしているといわれる。

4. 証券取引所への上場

　戦略的重要鉱床について採掘ライセンスを保有する法人は，その株式等の少なくとも10％をモンゴル証券取引所に上場するものとすると定められた（2006年鉱物資源法5条6項）。

5. 外国人雇用制限

　さらに，ライセンス保有企業に認められる外国人の雇用を10％までに制限し，これを超えたときは課徴金として各外国人被用者の月額最低賃金の10倍を毎月当該企業が納付することになった（2006年鉱物資源法43条1，2項）。この納付金は，地方政府の教育・保健予算に割り当てられることになる（同条3項）。

　2006年に1997年鉱物資源法を改正したことで，諸外国の鉱山企業の開発意欲はやや後退した。2008年9月以降には世界金融危機によって鉱物資源価格は下落し，モンゴル政府の参加比率の一層の引上げに関する論議は鎮まり，2009年10月には数年間の交渉を要したオユ・トルゴイ開発に係る投資協定（モンゴル政府＝リオティント，アイヴァンホー・マインズ，アイヴァンホー・マインズ・モンゴリア）も締結をみることになった。この協定は，2006年鉱物資源法の制限的規定の適用を受けることなく，従来どおりの協定遵守が認められた。

WPTは，2011年1月に廃止されることになったが，WPTをめぐっては政府と企業との間で摩擦ないし紛争が生じた。例えば，カナダ系のアイヴァンホー・マインズ社とイギリス系のリオティント社はWPT法施行前に投資協定を締結していたために「グランドファーザー条項」によりWPTを免除されたが，他方ではモンゴルの金生産者がWPTに対抗し，ロシア系の各投資家はWPTがロシア＝モンゴルBITに抵触するという理由から仲裁に付託することになった。

第5節　紛争事例―ドルノド・ウラン事件

ドルノドのウラン鉱床は「戦略的重要鉱床」（本章第4節2）である。当該プロジェクトはメインの区域とサブの区域に分かれ，メインは国際合弁会社セントラルエイシアン・ウラニウム・カンパニー（Central Asia Uranium Company LLC. 以下，「CAUC」）が所有し，サブはカナダのハーン・リソーセズ社（Khan Resources Inc. 以下「ハーン・カナダ」）が単独で所有し探鉱に携わってきた。

当該プロジェクトに関して，現在モンゴル，ロシア，カナダの関係機関の間で複雑な法的紛争が発生している。以下にこれまでの経緯をまとめておく。

1. 秘密協定

モンゴルのウラン開発に関しては，1981年にモンゴルと旧ソビエトとの間で秘密協定が交わされていた。これにより，モンゴルは，ソビエトのゲオロゴラズベヅカ社（Geologorazvedka. ロシア地質省傘下の会社）に対してドルノド鉱床での採掘を認可している。ウランは鉄道で運び，ロシアのアトムレドメトゾロト社（Atomredmetzoloto JSC/ARMZ Uranium Holding. 以下，「ARMZ」）傘下のプリアルグンスキ社（Priargunsky Industrial Mining and Chemical Union）のプラントで最終加工を行った。その後はウラン価格の低迷により1995年に操業を停止したが，再び開発が進めら

れている。

2. 国際合弁会社の設立

1995年1月に鉱物資源法が可決され，同年6月にモンゴル政府は，国営のエルデネス（Mongol Erdene Holding Company）とハーン・カナダの先行者たるアメリカのWMマイニング・カンパニー（WM Mining Company LLC. 以下，「WMカンパニー」）と前出のプリアルグンスキ社との間で，開発更新のためにCAUCを創設することで合意した。WMマイニング社には，資本金として200万ドルを拠出することを義務づけられた（参考までに記せば，モンゴル会社法32条1項は，LLCの資本金＜charter fund＞の最低額を定めている）。

1996年，WMマイニングにはさらに600万ドルの追加出資と，産品全量のマーケティング，資本主義国型経営の援助を義務づけられた。さらに，フィージビリティ・スタディ（F/S）の作成と環境アセスメントも同社が行い，1995年にこれを完了させている。

上記の要求を受けたWMマイニングが当該プロジェクトに追加出資を行ったため，1996年12月に3者は出資比率が次のように変更することで合意した。すなわち，WMマイニング―58%；プリアルグンスキ―21%；及びエルデネ―21%。

モンゴル国家安全保障審議会（NSC）は，1997年2月にこれを承認している。CAUCを通じて鉱業権を保有したのは，ハーン・カナダである。1997年7月，WMマイニングの所有者たるW・メイズ（W. M. Mays）氏は，WMマイニングの持分とそれに伴う権利・義務を別会社に譲渡することを決定した。そのための会社として，1997年11月，メイズ氏はバージン諸島法人のワールドワイド・マイニング社（World Wide Mining Inc. 以下，「WWM」）を設立し，同月エルデネとプリアルグンスキがWMマイニングのWWMへの譲渡を了承した。

その後2001年9月の命令128号によって，CACUの社員総会でモンゴルを代表するエルデネの権限が終了し，代わりにMRAMに権限が付与され

た。2003年，ハーン・カナダがハーン・リソーセズ・バミューダ社（Khan Bermuda Ltd. 以下，「ハーン・バミューダ」）取得のためにメイズ氏との交渉に入った。ハーン・カナダは，同年7月の持分交換取決めに従ってハーン・バミューダを取得した。WWM の所有者はこのハーン・バミューダとなった。2004年，上記の取得後，WWM はその後社名を CAUC ホールディング社（CAUC Holding Co. Ltd. 以下「CAUCHC」）に変更した。

2005年，MRAM の権限は国有財産委員会（SPC）に移管された。その後，政府は SPC に代わって前述の MonAtom にウラン探査・開発に従事させ，ウランと核開発のすべての事業におけるモンゴルの持分を代表させることとし，MonAtom を NEA と SPC の権限と統制のもとに置いた。そして，MonAtom を CACU でモンゴルの権益を代表させることとした。

CAUC で WMM が所有していた持分をハーン・カナダ社と CAUCHC が取得したことについては設立基本協定に従って確認され，持分所有数を次のようにすることが決議された。すなわち，CAUCHC—5800シェア；プリアルグンスキ—2100シェア；及びモンゴル政府（SPC 経由）—2100シェア。

2005年決議以降は，それぞれの当事者からの代表で構成する各種の経営委員会が CAUC とドルノド・プロジェクトを支援してきた。

CAUC は，鉱業権ライセンスの保有者である。このライセンスは，ドルノド・アイマグの約261ヘクタールと追加の鉱床約243ヘクタールのウラン開発資産をカバーするものである。追加鉱床の探鉱権ライセンスは，ハーン・カナダが2005年4月にウエスタン・プロスペクター・グループ社（Western Prospector Group Ltd. 以下，「ウエスタン・プロスペクター」）から取得したものである。この探鉱権ライセンスはなお有効のものであった。ハーン・カナダはこの探鉱権ライセンスをハーン・リソーセズ社（Khan Resources LLC. 以下，「ハーン・モンゴリア」）に移転した。ハーン・モンゴリアの持分の75％は，オランダのハーン・リソーセズ社（Khan Resources B.V. 以下，「ハーン・オランダ」）が所有し，残り25％はハーン・バミューダが所有している。

3. 原子力協力覚書

2009年，ロシアのROSATOMとモンゴルのNEAは，クレムリンで原子力協力覚書に署名している。この覚書は，両国間で原子力の平和目的のための原子力開発の強化を狙いとするとのことであった。このため，両国はモンゴルとロシアと第三国にあるウラン鉱床を開発するために合弁会社を設立することとした（後述）。さらに，ROSATOMは，モンゴルに中小型炉建設を支援することで合意している。じつは，この覚書が操業中のハーン・リソーセズにとってきわめて重要な意味を持ってくる。

4. ライセンスの一時停止

2009年4月，国家特別検査庁（SSIA）の検査官がサイトの立入り検査を行った。5月には，ロシアのプーチン首相がモンゴルを訪問し，モンゴルのウラン開発に対するロシアの積極参加の意欲を示すとともにロシア政府が上記ARMZを積極的に支援することを表明した。前述の2つの覚書はこのためのものである。同年7月15日，ハーン・カナダはMRAMから，上記のSSIAによる立入り検査の結果ということで，CUACはモンゴル法に違反しているのでCAUCが保有するドルノドの鉱業権ライセンスを停止するとの通知を受け取った。MRAMは，CUACが埋蔵量を国家登録総局（SIR）に登録せず鉱物審議会の承認を取得していないと指摘する。これに対して，CUAC側は，2007年と2008年の2回にわたってモンゴル法に従ってMRAMに登録のため埋蔵量の算定資料を提出したと主張している。

5. ライセンス再登録の要求

2009年のNELに関連して，この法律の発効前に有効とされていた探鉱権と鉱業権のライセンスの再登録に関する手続が定められ，保有者は国家行政総局（SAA）に既存のライセンスを2009年11月15日までに更新し再登録することを要求された。再登録に当たって申請人は，この法律に定められたすべての条件と要件を受諾することを求められた。この条件と要件のなかには，株式・持分に対する51％又は34％の国家参加も含まれている（本章第

4節3）。再登録をしないライセンスは，自動的に停止されたものとみなすという。

同年10月，CAUCとハーン・モンゴリアは，モンゴル政府から，既存のライセンスは無効となり，新法に基づいてNEAから新規のライセンスを取得するまでは既存のライセンスによって事業活動を行ってはならないとの通知を受けた。そして，既存のライセンスは一時的に停止された。

6. ロシア＝モンゴル合弁会社設立協定の締結

2009年8月，ARMZの親会社ROSATOMは，モンゴルのNEAとの間で「ドルノドのウラン鉱床の共同開発を行う合弁会社設立の政府間取決め」に署名している。この協定は，ROSATOMがモンゴル領域のウランの探査の分野でロシア連邦の権利と権益の保護を最大化するために進めてきたものである。この取決めでは，ドルノド鉱床と東ゴビ地区で，当初年間約28トンのウランを生産しこれを輸出に充てるということが明記された。

そして同年10月，ロシアのメドベージェフ大統領がROSATOMのキリエンコ社長を伴ってモンゴルを訪問し，同年5月のプーチン首相訪問時の話合いを土台にしてモンゴル政府との間で旧ソビエト連邦領域のウラン鉱山にロシアの会社を参加させることについて詰めの協議を行った。

当該鉱床については，ハーン・カナダが停止された鉱業権の回復をめざしていたものであるが，このロシア＝モンゴルの政府間協定の締結に当たってはハーン・カナダが再び排除される結果となった。キリエンコ総裁は，ARMZ ウラニウム・ホールディング（ARMZ Uranium Holding）とMonAtomが当該プロジェクトに数億ドルを投じると語った（なお，同総裁はこの事業への参加を日本に要請する可能性があることも明らかにしていた。この点に関して，ハーン・カナダの公式資料は，同社が2008年12月に日本のM社との間でドルノド・プロジェクトの探査・採掘に関する基本合意書に署名したと記している）。

同年11月，ハーン側はライセンスの再登録を申請し，国家の出資参加も受け入れることとした。その後，モンゴル政府のSPCはCAUCに対して

SPC の従来の 21% を 51% に増加させることを要求する公文書を送っている。この文書は，翌 2010 年 1 月末までに回答がなければ CAUC のライセンスは破棄の可能性があると明記したものである。

7. ロシアによる敵対買収

2009 年 11 月，ロシアの ARMZ とピラルグンスキが CAUC でハーン側が所有する普通社外持分を「1 持分当たり 0.65 カナダドル」の敵対買収の対象としてきた（約 3,500 万米ドル）。翌 12 月，CAUC 社は，敵対買収でロシアが CAUC を支配し最終的に東部モンゴルのドルノド鉱床を押さえ込もうとする意図が明白だとして，この敵対買収オファーを拒否した。

翌 2010 年 1 月 14 日，ハーン・カナダはライセンス停止問題が解決していると発表したが，NEA はなお未解決であると反論した。NEA によれば，ハーン保有の鉱業権ライセンスは停止され，CAUC はドルノドの鉱業権ライセンスを一切所有していないという。

同月 25 日，ハーン側は MonAtom との間で，協力的な事業遂行とモンゴルにおける不確実性の打破と社員（出資者）の価値の昂揚に努めるということで，了解覚書に署名した。ここで，両者は MonAtom の普通社外持分比率を 21% から 51% に増加させることを認め，合わせてもうひとつの出資者（社員）であるロシアのプリアルグンスキの議決権行使を控えさせることにした。その後，NEA はこの覚書法令違反があるため執行力を有しないと指摘したが，2 月にハーンは中国核工業集団公司（CNNC）の子会社 CNNC オーバーシーズ・ウラニウム・ホールディングとの間で最終取決めを締結した。

CAUC は，上記社員総会決議を 2010 年 1 月末 SPC に提出した。SPC はこの決議に対して何らの行動もとらず，探鉱権ライセンスの取扱いは不明となった。ハーン・カナダは，ARMZ がハーン側の権益を確認することなくモンゴル政府と交渉していると非難したが，ARMZ は，ドルノドにおけるロシアの会社の権益に関してモンゴル政府と交渉しているだけのことと反駁した。

ARMZ，ハーン・カナダとモンゴル政府は，合弁契約違反に関して互いに非難攻撃を続けている。モンゴル政府は，モンゴルにおけるハーンのライセンスの合法性に関しての調査も開始した。

同年4月，ハーン・カナダは，モンゴル政府が同社の権利と投資に係る利益の主張を完全に拒否する意向であることを確認している。その際，ドルノド・プロジェクトに係るライセンスは2009年10月8日に遡って無効とするNEAからの通告を受け取っている。

8. モンゴル行政裁判所への提訴

これを受けて，同4月21日と28日，CAUCとハーン・モンゴリア社は別々にモンゴルの首都行政裁判所に対し，NEAから受け取ったライセンス無効の通知の法的根拠を明らかにすることを求めて訴を提起した。

翌5月，ハーン・リソーセズ社は，中国のCNNCから「1持分当たり0.96ドル［カナダ］」又は「約5,300万～5,650万米ドル」という条件での買収案を提示された。これはホワイトナイトによる提案との見方もあったが，法令に基づく承認が得られないとのことで実現しなかった。ハーン側は，この買収にARMZが干渉し実現を妨げたとみて，損害賠償の検討に入った。

7月19日と8月2日にはそれぞれの判決が下され，裁判所は，ドルノド・プロジェクトのライセンスを無効とするNEAの意図的な決定がモンゴル法に違反し無効であるとし，ハーン側の勝訴となった。これに対して，NEAは7月19日の判決を不服として控訴した。8月，ハーン側は，上記判決をもとに鉱業権ライセンスを無効にしたNEAの決定を不服として，モンゴル首都行政裁判所にNEAを訴えた。

10月27日，控訴裁判所は，NEAの決定がモンゴル法で定める手続に従ってCAUCの鉱業ライセンスの無効に関して行われたものではないことを確認している。この判決を受けて，CAUCとハーン・モンゴリアは，再度NEAに対して2009年11月に申請したライセンスの再登録を認めるよう求めた。NEAは上記の判決に対して上告はしなかったが，判決を無視してきた。すなわち，ハーン側は，NEAに対してライセンスの再登録受理を繰

り返し要請したにもかかわらず，2010年11月12日にNEAはドルノド・プロジェクトのライセンスを再発給する意思がないことを公式通告というかたちで数種の新聞紙上に公表した。

　ハーン側は同月17日，ライセンスに関するNEAの正式決定を書面で受け取れるよう公式に要求した。翌12月15日，ハーン側は，2010年11月の文書に対するNEAの文書を受け取ったが，それはライセンス再登録の意思がないことを確認したものであった。NEAはこの文書のなかでNEAの決定の法的根拠を示さず，またモンゴル法に基づいて要求される正式通告というかたちもとらなかった。

　ハーン側は，モンゴルの裁判所における法手続を進めるほかに，ドルノド・プロジェクトをめぐる紛争を「合理的な和解」によって友好的に解決することを期待してモンゴル政府当局と話合いを進めてきた。ハーン・カナダは，同年4月15日付のモンゴル首相宛文書のなかで国際的な仲裁を含めて紛争解決のための法的な請求手段を探るとの通知をモンゴル政府側に提示していたが，政府側はこれに対して何らの反応も示さなかった。

　これに対して，モンゴル政府は鉱業権・探鉱権ライセンスの復活と再登録を拒否し，ハーン・カナダを参加させることなく，しかもエネルギー憲章条約，モンゴル外資法，適用の契約，並びに国際法及びモンゴル法の一般原則で求められている補償を支払うことなく，ドルノド鉱床を開発し利益を得るという計画を進めることとした。ハーン側は1年にわたって本件の友好的解決のため誠実に交渉を続けてきたが，ここに至り仲裁に付託せざるを得ないとの結論を出した。

　2010年5月，ROSATOMは，当該プロジェクトに関する紛争はすべて解決され，あとはロシアのARMZとモンゴルのMonAtomとの間の新しい合弁事業協定の署名を俟つばかりであると発表した。

　ハーン側は，ARMZがモンゴル企業との合弁会社の設立を進めるために，ARMZとその関連会社がハーンとMonAtomとの間の合弁会社に干渉し，ハーン側の鉱業権・探鉱権ライセンスを破棄させてウラン資産の支配権を獲得しようとしてきたことは明らかだという声明を発表した。これに対して

ARMZのスポークスマンは何らのコメントも出さなかった。

9. ロシア＝モンゴル合弁会社設立契約の署名

2009年8月，ロシア，モンゴル両国は，ドルノド地区のウラン鉱床に係る合弁会社「ドルノド・ウラン」(Dornod Uranium LLC) 設立のための政府間最終取決めに署名し，2010年に批准している。

同年12月14日，モンゴルのバトボルド首相がロシアを訪問し，プーチン首相と会談。ドルノド・ウラン設立のための合弁契約書に署名した。出資比率はROSATOMとARMZが49％，MonAtomとNEAが51％とされた。2013年1月現在，ドルノド・ウラン社は設立されていないが，NEAは本年秋には設立の可能性が強いとしている。設立が遅れている原因は，ハーン側が2011年1月にモンゴル政府とMonAtomとの間の紛争を国際仲裁パネルに付託したことにある。上記合弁会社の両当事者は，モンゴルに在る合弁会社の自己の持分とそれに見合うその他資産を新しい合弁会社に拠出することになるという。当該プロジェクトのオペレーションはプリアルグンスキが担当するという。

これに対して，ハーン側は，合弁会社設立がハーン側のドルノド・プロジェクトの収用を意味することになると判断している。判断の根拠は，当該プロジェクトがハーンとモンゴル政府とロシア政府の権益を含む当初の合弁事業会社たるCAUCが保有する権益を内容としているという点にある。ハーン側は，ロシアのARMZが悪意を以てハーン側をドルノド・プロジェクトから排除し，その信用を失墜させるためのキャンペーンを行ったと主張している。しかも，2003年以来ハーン側はドルノドに2,100万ドルを投資したにもかかわらず，ARMZは資金拠出を行ってこなかったと主張している。

10. 賠償請求の書状送達

2010年，ハーン側は，ARMZがCUACの社員（出資者）としての信託義務に違反し，ハーンの経済関係に不法な干渉を行い（モンゴル会社法第82条違反），ハーンの権利及び財産に対し並びに事業の尊厳及び信頼に対し

て損害を与えた（モンゴル民法497条1項違反）として，賠償等を求める書類をARMZに送達することを決定した。

請求の内容は，次のとおりである。すなわち，信託された義務に対する違反から生じた衡平な補償額として2億ドル；ハーン・リソーセズの経済関係に対する不法介入から生じた一般的賠償額・として2億ドル；ハーン・リソーセズの権利，事業の信頼及び財産に対して故に引き起こした損害から生じた一般的賠償額として2億ドル；加重的，懲戒的かつ刑罰的賠償額として1億ドル；及びその他。

ARMZが国営企業であり賠償請求書の送達はロシア司法省を通じて行われなければならないということで，請求書をロシア語に翻訳し，2010年10月28日にロシア司法省に提出した。

しかしながら，2011年2月，ロシア司法省は，この送達がロシアの主権又は安全を害する性質のものであると判断し，「民事又は商事に関する裁判上及び裁判外の文書の外国における送達及び告知に関する条約」（ハーグ送達条約）13条1項を根拠として，送達を有効とすることを拒否した。

11. カナダ裁判所への提訴
(1) 高裁への提訴

そこで，ハーン・リソーセズ側は，ARMZに対して上記損害賠償その他費用の負担を求める訴をカナダ・オンタリオ州高等裁判所（一審）に提起した。2010年8月20日，同裁判所はハーン側の陳述書をロシア政府側に送付し，法手続が開始されたことを通知した。

申立は2011年4月18日の予定であったが，多くの手続が遅滞し，審理は同年9月7日に開始された。裁判所は判決を留保していたが，10月31日，ハーン側は，オンタリオ州高等裁判所からハーンの送達を有効とするとの命令を受け取ったと発表した。

(2) 控訴裁への提訴

これに対して，ARMZは決定を不服として控訴した。2012年に入って審理が開始され，3月9日に同裁判所がARMZ側の控訴を認めたため，これ

を不服としたハーン側は，自社側からの送達を有効とした同裁判所の先の命令に戻させるよう，同年4月10日に再びオンタリオ控訴裁判所（二審）に訴えを起こしている。

ロシアでは2010年12月12日に，「合弁有限責任会社ドルノド・ウランLLCの設立に関するロシア連邦政府とモンゴル政府との間の協定の批准に関する連邦法案」が下院（国家会議）で承認され，同24日に上院（連邦会議）で採択され，これを受けて翌11年1月初めにメドベージェフ大統領が同法に署名している。

12. 仲裁廷への付託

2011年1月，ハーン側はモンゴル政府のこれまでの行為を「収用的かつ不法の扱い」と判断し，その損失及び損害に対して2億ドルの補償を求めて，設立基本協定12条2項に従って，この事件をUNCITRAL仲裁規則によって設置される仲裁廷に事件を付託した。

(1) 主張の法的根拠

ハーン側がモンゴル政府の扱いを収用かつ不法であると主張する根拠は，次のとおりである。

エネルギー憲章条約に関しては，ハーン・オランダの投資母国たるオランダと投資受入れ国たるモンゴルが共にエネルギー憲章条約の締約国である；同条約10条が，投資の保護を規定している；13条(1)が，投資受け入れ国は投資家の投資財産を国有化，収用又は国有化若しくは収用と同等の効果を有する措置の対象としてはならないと規定している；及び同条約26条が，投資家と投資受入れ国との紛争の解決メカニズムについて規定し，友好的な解決に従って解決されない場合には，UNCITRAL仲裁規則に基づいて設置される仲裁裁判所に付託することもできることになっている，ということ。

モンゴル外資法に関しては，2008年外資法3条1項は，外国投資を「モンゴル領域内に外国投資を以って事業体を設立することを目的として又はモンゴルの既存の事業体と共同して操業することを目的として外国投資家によって投資されるあらゆる種類の有体財産及び無体財産」としている；同2

項は，外国投資家を「モンゴルに投資を行う外国の法人又は個人（モンゴルに永久的に居住していない外国市民若しくは無国籍者又は永久的に海外に居住しているモンゴル市民）」としている；5条は，外国投資のタイプを「(1) 自由に兌換可能な通貨及び投資によって稼得したトグログの再投資, (2) 動産及び不動産並びに所有権，及び(3) 知的財産権及び工業所有権」と定めている；6条は外国投資の形態として「(4) 天然資源を開発し及び加工するために，法令に基づく権利，コンセッション及び生産物分与契約を取得することによるもの，(5) マーケティング及びマネジメントのための契約を締結することによるもの」と定めている；7条は，「外国投資家は，モンゴルの法令に従ってモンゴルの領域において操業するいかなる事業構成体の株式又はその他の証券をも購入することができる」と定めている；8条1項は「モンゴルの領域にある外国投資は，憲法，法律及びそれらの法に整合するその他立法によって保証され並びにモンゴルが当事国である国際条約によって保証される法的保護を享受する」とし，2項は「モンゴルの領域にある外国投資は，不法に収用されない」とし，3項は「外国投資家の投資は，公共目的のため若しくは公益のためにのみ及び無差別ベースに基づき及び十分な補償の支払に基づき法の正当な手続に従う場合にのみ収用される」とし，4項は「モンゴルが締約国である条約に定めがある場合のほかは，補償額は収用時又は収用公告時の収用資産の額によって決定され（注略）かかる補償は，遅滞なく支払われる」と定める；9条は「モンゴルは，外国投資家に対して，投資の所有，使用及び処分に関してモンゴル投資家に対して与えられる待遇よりも不利でない待遇を付与する」と定めている；25条は「外国投資及び外資系事業体の操業に関する外資系事業体とモンゴル投資家との間及び外国投資家とモンゴルの法人又は自然人との間の紛争は，モンゴルが当事国である国際条約に定めがない限りモンゴルの裁判所によって，又は当事者間の取決めによって解決される」と定めている，ということ。

合弁会社設立基本協定に関しては，モンゴル政府はモンゴル法のもとで合弁会社とそのパートナーたる前出CAUCHCに対して負うべき義務を信託されている；モンゴル法によれば，合弁会社のパートナーは他のパートナーに

対する信託者である；被申立人は，善意によって行為をなし，CAUC の最良の利益のために行為をなすという義務を負っている；モンゴル政府は，この義務に違反している；さらに，設立基本協定 3 条 6 項は，CAUC の財産を徴収又は没収の対象としないと規定している，ということ。

　モンゴル会社法に関しては，会社法 82 条によれば，善意でかつ会社の最良の利益のために行為をなす会社の「統治者」に対して義務が課せられる；会社の「統治者」は LLC（有限責任会社）の場合には普通持分を 20％以上所有する者であり（会社法 81 条 6 項），モンゴルとロシアの 2 社はそれぞれ CAUC の 21％の持分所有者（社員）であるから会社法にいう統治者に該当する；したがって，もう 1 人の持分所有者 CAUCHC に対して，違反から生じた損害に対して責を負うことになる，ということ。

　モンゴル民法に関しては，民法 497 条 1 項は「故意に又は不用意な行為によって他人の権利，生命，健康，尊厳，事業の信頼又は財産に対して損害を引き起こした者は，その損害に対して補償を行う」と規定している；モンゴル側の行為がこの規定に違反し，それによって生じた損害は 2 億ドルである，ということ。

(2) 政府行為

　ハーンがモンゴル政府の行為又は不作為で法的義務に違反したものと主張する点は，次のとおりである。すなわち，新たな NEL の規定を根拠に CAUC とハーン・モンゴリアの所有権益を無償で徴収したこと；2009 年の再登録申請に対して同法に基づくライセンスの再登録を拒否したこと；根拠のない公的ステートメントでハーン側がモンゴル法に違反したと主張したこと；及びモンゴルと国外におけるハーン側の信頼度を意図的に傷つける行為を意図的に繰り返したこと。

　さらに，ハーン側は次のような主張も行っている。すなわち，当該投資に対するモンゴルの政府行為は決して公共目的によるものではなく，差別的であり，法の正当な手続によるものではなく，迅速な十分な実効的な補償も支払われないこと；かかる行為や不作為は，エネルギー憲章条約や外国投資家に対する安定的，衡平・有利，かつ透明な条件の奨励と創出とは正反対のも

のであり，ハーン側とその投資に対して公正かつ衡平な待遇と十分な保護を与えるという約束を履行していない，ということ。

以上を以って，ハーン側は，モンゴル政府の行為が無償の国有化すなわち没収（confiscation）と同等の措置に相当すると主張してきたのである。

13. おわりに

本件では，カナダ系企業の事業活動の実施中に，投資受入れ国たるモンゴル政府と第三国たるロシア政府が関与している可能性がきわめて強い。

これまでの外国投資家側の主張が正しいものであるとすれば，モンゴル政府の行為は違法な「しのびよる収用」ないし間接収用に該当する。

したがって，外国投資家に対しては投資受入れ国が法的救済措置を講じる義務がある。ただし，事業が継続したままであること，モンゴル政府の反論との詳細が不明であること，賠償額の客観的基準が不明確なことなどの理由で，今は仲裁判断に俟つほかはない。

参考文献
1．本章第5節の事件は，下記の拙稿でとりあげたモンゴルの事件すなわちドルノド・ウラン事件，オユ・トルゴイ事件及びゴールデンイースト事件（パウショク事件）並びにベネズエラにおける諸事件のなかから抽出したものである。櫻井雅夫「国家と外国投資家との間の紛争：最近の鉱業分野の事例」『国際商事法務』40巻7号以下，2012年7月□。この論稿では，関係資料情報について詳細な記録を残している。
2．原子力エネルギー法に関しては，次の非公式英訳版料に拠った。"Nuclear Energy Law."
3．水源森林法に関しては，次の非公式英訳版料に拠った。"Law to Prohibit Mineral Exploration and Mining Operations at River Headwaters, Protected Zones of Water Reservoirs and Forested Areas"; and "Mongolian Parliamentary Resolution No.55. July 2009. Measures to be Taken in Compliance to the Law to Prohibit Mineral Exploration and Mining Operations at Headwaters of Rivers, Protected Zones of Water Reservoirs and Forested Areas. "なお，2012年1月現在，2009年法の改正法案が提出されている。
4．SFI法に関しては，次の非公式英訳版料に拠った。"The Law on Regulation of Foreign Investment in Business Entities Operating in Strategic Sectors." アメリカ政府の *Mongolia Investment Climate Statement, 2012*" が Strategic Entities Foreign Investment Law of Mongolia" と訳し，略称を SEFIL としている法令は，本章でいう SFI 法と同じものである。
5．ドルノド事件の顛末に関しては，次の資料に拠った。Khan Resources, *Annual Report, 2010*; and ―, Press Release.
6．モンゴル首都行政裁判所での裁判に関しては，次の非公式英訳版料に拠った。Khan Resources, "Khan Files Formal Claim in Mongolian Administrative Court, Requests Prime

Minister's Assistance and Provides Update on the CNNC Offer." and Its Appendix: Letter to Prime Minister of Mongolia.

7．オンタリオ高裁での裁判に関しては，次の資料を使用した。"Ontario Superior Court of Justice. Between Khan Resources Inc., Khan Resources LLC, CAUC Holding Company Limited, Central Asian Uranium Company LLC, Khan Resources B. V. and Khan Resources Bermuda Ltd (Plaintiffs) and Atomredmetzoloto JSC and JSC Priargunsky Industrial Mining and Chemical Union (Defendants) Statement of Claim." Court File No.: CV-10-409104. Date: 20120309.

8．オンタリオ控訴裁での裁判に関しては，次の資料に拠った。"Court of Appeal for Ontario. Between Khan Resources Inc., Khan Resources LLC, CAUC Holding Company Limited, Central Asian Uranium Company LLC, Khan Resources B. V. and Khan Resources Bermuda Ltd. Plaintiffs (Appellants) and Atomredmetzoloto JSC and JSC Priargunsky Industrial Mining and Chemical Union Defendants (Respondents)." Court File No. C55360.

9．仲裁裁判に関しては，次の資料に拠った。"In the Matter of an Arbitration under the Arbitration Rules of the United Nations Commission on International Trade Law, the Energy Charter Treaty and the Foreign Investment Law of Mongolia between Khan Resources Inc., Khan Resources B. V., and CAUC Holding Company Ltd. (Claimants) v. The Government of Mongolia and MONATOM Co., Ltd."

〔櫻井雅夫〕

第 5 章

EU・日本・モンゴルによる「砂漠共同体」設立の提案

第 1 節　はじめに

　本研究は，青山学院大学の「WTO センター」が 2006 年以降に実施した「日本・モンゴル間の FTA」に関する研究プロジェクトの一部である。ここで提案する「砂漠共同体」は，日本とモンゴルの関係だけに限定されていない。最低限でも EU も含むべき，と考えている。

　本章では，地球温暖化対策として「砂漠共同体」の設立を提案する。既に 2012 年 4 月の著書（英語）[1] および論文（日本語）[2] で提案したが，本章はそれらに最近の動きを追加した形でその問題を論じる。また，2012 年に地球温暖化の簡単な解決策を小説の形で紹介したが，本章でも，この解決策について触れることとする[3]。

　関連するブログ発言も多い。Lenz Blog[4] では「Energy from the desert」（砂漠からのエネルギー，450 件以上の発言），「Nuclear energy」（原子力，330 件以上の発言），「European and German Energy Law」（EU・ドイツエネルギー法，300 件以上の発言），「Global meltdown」（地球溶融，280 件以上の発言），「Japanese energy law」（日本エネルギー法，190 件以上

---

[1] Lenz, Energy from the Mongolian Gobi desert, k-lenz.de/2 で無料 PDF ファイルとして配布中．Kindle 版，印刷版もそこで用意してある．176 頁．
[2] Lenz,「地球温暖化とその対策－ドイツの最近エネルギー立法と「アジア版 Desertec」に関する日本・EU 協力体制」青山法学論集第 53 巻第 4 号 (2012)，183-212 頁．
[3] Lenz, Great News, k-lenz.de/3 で無料 PDF ファイルとして配布中．Kindle 版，印刷版もそこで用意してある．243 頁．
[4] Lenz Blog, 2003 年以降，k-lenz.de/1．

の発言)および「Mongolia」(モンゴル，180 件の発言)で詳しく論じている。本章では，その一部のみ紹介するにとどめ，モンゴル関係のエネルギー問題に関心の読者には，私のブログを読んでいただきたい。

「砂漠共同体」の名称は別にして，モンゴルのゴビ砂漠で大規模の再生可能エネルギー発電が必要である。

第一に，Desertec[5]（世界の砂漠から大量の再生可能エネルギーを供給する発想）が以前から主張しているように，世界各地の砂漠からのエネルギーを開発すべきである。地球温暖化対策のために，建物の屋根にソーラーを置いて，日本・ドイツで陸上・洋上風力を開発することも必要である。しかし，それだけでは充分ではない。地球温暖化の問題は深刻である。何としても，有効な対策が必要である。

巨大隕石が地球に衝突した場合，地球全体の生命体が絶滅する可能性がある。地球温暖化も，穏やかな名称であるが，実は巨大隕石衝突と同様に，地球上の生命体の全滅の危険も含む。人間は CO_2 排出と言う極めて愚かな行動により，無限の破壊力を有するモンスターを目覚めさせている。

人間は，現代文明を開発できたほど知能のある動物であるのに，なぜ化石燃料を全部燃やすほど，愚かであるのか。基本的な矛盾であるが，この矛盾の説明も，私の SF 小説「Great News」[6] で試みている。

第二に，モンゴルの国益から考えて，地下資源に依存するだけの経済から脱出する必要がある。中国では，2012 年から石炭の使用が減少していることは，地球温暖化の深刻さを考えれば大いに歓迎すべき動きである。2012 年 8 月の中国の石炭からの発電は，全体の 73％に減少した。1 年前では，まだ 80％であった。中国国内石炭生産も，5％以上，減少した[7]。

気候を安定させるために，中国の取り組みが最優先の課題である[8]。図表

---

5 サイト ww.desertec.org 参照。
6 Lenz, Great News, k-lenz.de/3 で無料 PDF ファイルとして配布中。Kindle 版，印刷版もそこで用意してある。243 頁。
7 Jacob Greber and Angus Gregg, Chinese demand not so great: Grimaud, Financial Review, 2 November 2012, k-lenz.de/s001.
8 Internationales Wirtschaftsforum Regenerative Energien, Klima: Weltweiter CO2-Ausstoß steigt 2011 auf neues Rekordniveau, k-lenz.de/m001.

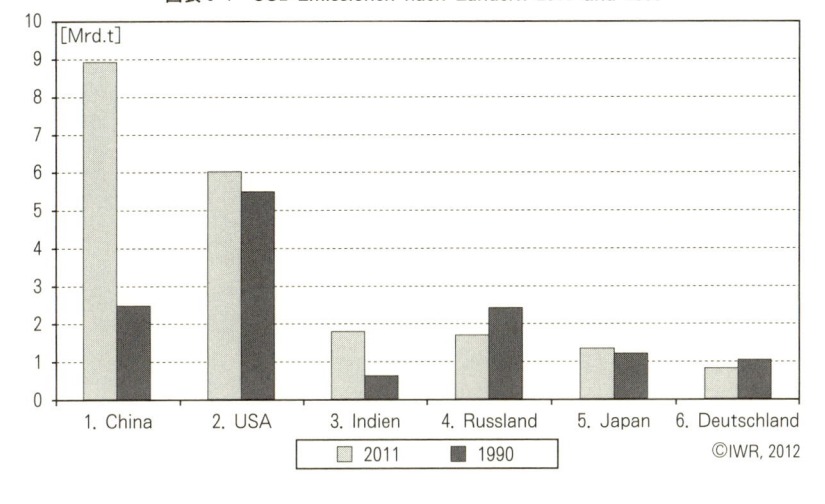

図表 5-1　CO2-Emissionen nach Ländern 2011 und 1990

[Mrd.t]

1. China　2. USA　3. Indien　4. Russland　5. Japan　6. Deutschland

■ 2011　■ 1990

©IWR, 2012

　5-1 は 2011 年と 1990 年の国別の CO_2 排出を表示しているが，一番多い中国（一番左）が戦略的にみて最も重要であることは一目瞭然である。

　したがって，中国で化石燃料以外の発電が 27％まで伸びたことは，非常に重要である。しかし，その反面，モンゴルからの石炭輸出が減少し，2012 年末現在にはモンゴル経済が伸びない状況にある。

　モンゴル政府がオユ・トルゴイ（Oyu Tolgoi）鉱山の投資協定を一方的に破ろう[9]としていることは，地下資源輸出不振による財政困難の原因の 1 つである。モンゴル経済が地下資源に依存する現状から脱出しなければ，長期的な安定成長を達成できない。

　その目的のために，1 兆ドル規模のゴビ砂漠再生可能エネルギー計画が役立つと思われるし，モンゴルの国益にもなる。

　第三に，EU が 2012 年のノーベル平和賞を受賞した[10]ことで明らかなように，「経済統合」は平和維持にも貢献できる。経済統合を今も進めている

9　Lenz, Mongolia Violating Oyu Tolgoi Agreement, 2012 年 10 月 22 日ブログ発言，k-lenz.de/s002.
10　Wikipedia, List of Nobel Peace Prize Laureates, k-lenz.de/m002 参照。

欧州では過去60年間，戦争がない。特にドイツとフランスの戦争は最早ありえない状況にある。EU統合は，最初から経済統合を手段として，平和維持を目的としてきた。

同様に，ゴビ砂漠の大規模な計画を進めることは，アジアでの平和維持に貢献できる。他方で，尖閣諸島をめぐる日本と中国の対立により，戦争の惨禍が再び起こされることが無いとは言えない。

長期的にアジアのエネルギーの大きな割合を共同開発することでゴビ砂漠から賄う「砂漠共同体」が成立すると，EUの歴史と同様に，平和維持に貢献できることになる。

モンゴルは，今まで日本の政府・外務省にとっての最優先課題ではなかった国である。両国間の貿易取引高は僅かしかない。モンゴルの人口が300万人弱しかないために日本企業にとっても，ほとんど魅力がない。

それにもかかわらず日本の忙しい外交官がモンゴルとのFTA交渉を勧める利益があるのか。

そのひとつの答えは，モンゴルの豊かな地下資源である。確かに，最大のオユ・トルゴイ（Oyu Tolgoi）鉱山だけで，1,000億ドル単位の銅と金が採れる。石炭資源も莫大にある。

しかし，それだけに注目すべきでない。地球温暖化対策として砂漠の戦略的重要性が分かれば別な理由でも，モンゴルとの交渉が戦略的に優先な課題となる。

さて，まずは，地球温暖化の恐ろしさについて説明する必要がある。その点を既に多くの人々は理解しているとも思われるが，改めて，確認してみる。

第2節　地球温暖化の恐ろしさ

「地球温暖化」という言葉は，決して悪い響きではない。「温泉」「温かい」などは，気分の良い秋の日に風呂に入って楽しむイメージがついている。英語の「Global Warming」も同様の問題を含んでいる。100年前，「子孫の

世代に化石燃料を残さないのは悪いが，その換わりに地球全体が温まる効果が生じるので，より温かい地球で生活できる利益が生じる」との考え[11]があったほどである。

地球温暖化とは大惨事の発生を意味する。

2012年10月末にアメリカ東海岸（特にNew York）に上陸したハリケーン「Sandy」は，総被害500億ドル，死者多数の異常気象現象であった。アメリカでも，それまで対策に熱心でない政治家に眼をさまさせる機会となった。地球温暖化の活動家McKibben氏が述べた[12]ように，一度の地下鉄浸水は，1,000件の学術論文ほどの説得力がある。目に見える形で，地球温暖化の破壊力を理解する最良の機会であった。

しかし，今回の被害は甚大であるが，これでも未だ初期段階のものである。今後，地球温暖化に思い切った対策を講じなければ，文明の存続に関わる多くの問題が発生する。それは同時進行で，次々に深刻な問題を引き起こす。1つでも深刻なのに，同時進行で多くの問題が発生する分，被害が甚大となる。

福島原発事故では，幸いにして，今のところ，日本全国が放射能汚染で住めなくなる状況にはない。東京は無事であった。

しかし，地球温暖化によって，海面は今よりも68メートル以上に上昇することになる[13]。まさに東京沈没となる数字である。ドイツの首都ベルリンも沈没する[14]。

「地球温暖化」の問題は大きく3つに区別できる。

---

11 Arrhenius, Worlds in the Making, 1908, 63: "By the influence of the increasing percentage of carbonic acid in the atmosphere, we may hope to enjoy ages with more equable and better climates, especially as regards the colder regions of the earth, ages when the earth will bring forth much more abundant crops than at present, for the benefit of rapidly propagating mankind".

12 Laura Nahmias, Activist Praises Cuomo for Climate Change Remarks, Wall Street Journal 2012年10月31日 k-lenz.de/s003 参照。

13 Intergovernmental Panel on Climate Change, Third Assessment Report, Climate Change 2001, k-lenz.de/a018 参照。

14 Lenz, Volker Quaschning Presentations, 2012年11月24日ブログ発言 k-lenz.de/m027 参照。

第一は，すでに発生した問題である。異常気象現象，猛暑，旱魃はそれに該当する。

第二は，今後深刻となる問題である。大幅な海面上昇，水不足，種の絶滅，および今は予測されていない新たな問題である。

第三は，歯止めが効かない悪循環による無制限温度上昇により，地球が金星のように生命体に適しない惑星になるリスクである。「金星症候群」(Venus Syndrome) として，論じられている可能性である。この点について，先に説明してみる。この危険を論じる際に，「地球溶融」(global meltdown) の名称を使う[15]。

もちろん，原子力発電所の溶融（meltdown）を連想させるつもりの言葉である。愉快に「温かくなる」のではなく，極めて恐ろしく地球全体が生命体の存在に適しなくなる，とのことを理解させる狙いである。

NASA の Hansen 氏[16]が書いた「Storms of My Grandchildren」[17] の第 10 章は「The Venus Syndrome」と題して，本章でいう「地球溶融」(global meltdown) について説明している。この現象は，地球が金星のように歯止めの効かない高温度化悪循環（runaway climate change）[18]に入り，その結果，数百度まで温度が上がり，海水がすべて蒸発するような見通しを描いている。「はじめに」で紹介した巨大隕石衝突の効果と同じであるが，人間の無責任と無知が人工的に起こす最大級の災難である。

技術的な問題ではあるが，本章の目的を理解するために簡単に紹介してみる。

Hansen 氏はこの章の最初に，1981 年に地球温暖化を指摘した論文[19]を引用して，その後の 30 年間の展開について悲観的に評価している。化石燃料産業関係者の活動が地球温暖化現象の否定に思ったより成功した点と，政

---

15 Lenz, Global meltdown and global warming, 2011 年 9 月 6 日ブログ発言，k-lenz.de/a006.
16 Wikipedia, James Hansen, k-lenz.de/a007 参照.
17 Hansen, Storms of My Grandchildren, The Truth About the Coming Climate Catastrophe and Our Last Chance to Save Humanity, 2009, k-lenz.de/a002.
18 Wikipedia, Runaway climate change, k-lenz.de/a008 参照.
19 Hansen, Climate Impact of Increasing Atmospheric Carbon Dioxide, Science 1981, 257, k-lenz.de/a009.

治家が思い切った対策により象徴的な政策を採用した点を指摘している。そのため，地球温暖化に歯止めがない場合にどのような効果が予測されるかについて，検討する必要が生じた，と説明している。

次に，火星・地球・金星についての基本常識を説明している。火星には大気ガスがほとんどなく，温室効果がない。その結果，平均温度がマイナス50度である。地球の大気圏は温室効果を発生させて，その効果により33度の温暖化が発生し，平均温度が15度となっている。金星の大気圏には極めて多くのCO_2が含まれている結果，数百度の温室効果が発生し，平均温度が450度である。

金星の大気圏は97%がCO_2である。これは「歯止めのない温室効果」（runaway greenhouse effect）が金星の歴史にあったことが原因である。なお，この原因についてSF小説の形で想像しているので参照いただきたい[20]。

地球にもこのような現象がありうるのだろうか。

この可能性が当然にある。問題はどの程度のCO_2排出がありうるか，という点である。

この効果がいずれ避けられない。50億年先に，太陽は大幅に拡大して地球を飲み込むことになる。10億年先ですでに太陽の熱が今より10%増加するため，対策がなければ，確実に「歯止めなく温室効果」になる。

では，人間によるCO_2排出の結果，同様の効果が近い将来にもありうるのか。

地球の歴史で大気圏に数千ppm[21]までのCO_2が含まれた時期もあったため，仮にすべての化石燃料を燃やしても問題ない，とHansenは以前に考えた。しかし，3つの理由で，それについて疑問を感じるようになった。

第一，2.5億年前に2,000ppmであった時期には，太陽の熱が今より2%少なかったので，当時の2,000は今なら1,000と同様の効果になる。太陽熱

---

[20] Lenz, Great News, k-lenz.de/3 で無料PDFファイルとして配布中．Kindle版，印刷版もそこで用意してある．243頁．
[21] Parts per million, 100万分の1の略．

の2％増加とCO2の倍増が同等の効果を有することが分かっているからである。

第二，過去に本当に数千ppmまでの時期があったかについて，直接記録がないため，推測しか出来ないが，これらの点に関する考えは最近，最高記録がより少なかった方向に動いている。

第三，人間が全ての化石燃料を燃やすCO2排出の速度は，過去の地球の歴史にない現象である。そのため，「歯止めない温室効果」の危険が大幅に増加する。

Hansenは結論として，すべての石油・ガス・石炭を燃やすことにより，「金星症候群」が発生する可能性が大いにある，と説明している。更にオイルサンド[22]を燃やす場合「金星症候群が確実に発生する」，と指摘している。

以上が，この文献の紹介である。

つまり金星症候群に陥ってしまった場合，地球は巨大隕石に直撃された状況と同じ結末を迎えるのだ。

直径数百キロの巨大隕石が地球を直撃する場合，人類の生活環境が大幅に悪化する。NHKはこの場合を想定してコンピュータで予測される効果を画像にしたが，インターネットでの掲載[23]に既に130万人以上の視聴者がいる。

簡単にまとめると，地球全体が火の海になり，海洋水も全て蒸発するほどの急激な温度上昇が極めて短期間で生じる予測である。当然，人類その他の地球の生命体は全滅する。

金星症候群の場合はより長い時間がかかるが，結果は同様である。すなわち，「地球温暖化」は地球上の生命体の全滅のリスクを伴う問題である。

仮に歯止めない温室効果が発生しない場合でも，地球温暖化問題は深刻である。既に発生している被害とこれからの被害を区別して，簡単にまとめてみる。

22　Wikipedia, Oil sands, k-lenz.de/a010 参照.
23　NHK, 巨大隕石衝突シミュレーション, k-lenz.de/a001.

その際，Rommの最近のブログ記事[24]を根拠に説明する。温度上昇それ自体・旱魃・海面上昇・種の絶滅・未知の悪影響・異常気象現象・食糧難・健康被害の順番で説明している。これらの災難は単独でも大変な威力があるが，地球温暖化が進めば，これは同時進行で発生するから，文明の存続にかかわる大災難となる。

また，仮にある時点で CO2 排出を全面停止しても，その時点まで発生した温暖化を解消するためには，さらに 1,000 年以上がかかる[25]。すなわち，今の世代の行動は，これから少なくとも人類の 50 世代分の生活環境を決定的に破壊する可能性がある。後で問題の深刻さに気付いたときには最早，対策なく手遅れということになる。

WHO の推定では，2010 年現在でも，地球温暖化による死亡者が既に年間 14 万人とされている[26]。また 2012 年の研究では，年間 40 万人の死者，1.2 兆ドルの被害総額との推定がある[27]。極めて深刻な状況であるが，地球温暖化が対策なく進むと，当然ながらこの推定結果を上回る結末もあり得る。

温度上昇それ自体は，対策がなければ 2100 年までには今より平均 5 度上昇し，その後も継続的に温度が上昇する。この数字は地球全体の平均であるから，地域によってそれを超える上昇も予測される。5 度を超える可能性もあり，また，2100 年以降も，上昇が続く。

猛暑によって現在でも多数の死者が出ているが，温暖化が進めば，猛暑のほうが台風・洪水による死者の数を上回るだろう[28]。2003 年の欧州では，猛暑により 7 万人以上の死者数が報告されている[29]。

---

24 Romm, An Illustrated Guide to the Science of Global Warming Impacts, How We Know Inaction is the Gravest Threat Humanity Faces, 2012 年 10 月 12 日 k-lenz.de/m003.
25 Solomon, Plattner, Knutti, Friedlingstein, Irreversible climate change due to carbon dioxide emissions, 2008, k-lenz.de/a013.
26 WHO, Climate Change and Health, 2010 年 1 月現在, k-lenz.de/a014.
27 Lenz, $1.2 Trillion Damage from Climate Change Right Now, 2012 年 10 月 7 日ブログ発言, k-lenz.de/m069.
28 Wikipedia, Heat Wave, 2011 年 10 月現在, is.gd/eNINTN 参照.
29 Valleron, Death toll exceeded 70.000 during the summer of 2003, k-lenz.de/a015.

旱魃（かんばつ）の被害は，特にアメリカ・欧州で大きくなると予測されている[30]。日本は島国であるため，その分の被害が少ない。しかし，世界各国の食料収穫能力が大幅に低下する。当然，飢餓・食糧不安定から生じる戦争の危険が増す。

アメリカの1地域だけでも，旱魃による被害総額が1兆ドルと推定されている[31]。旱魃は高い気温と同時進行で発生するため，山火事が増加し，最終的に多くの地域が砂漠化される。

この点については，特に2012年の実績を見ると，既に被害が現実になった。アメリカの2012年旱魃は，それまでの記録を破り，大幅な穀物の収穫減少の原因となった。史上最大の被害を生じさせる自然災害となる見通しである[32]。

海面上昇は，最低でも2100年までに1メートル上昇を記録する。その場合，バングラデシュでは国土の17%が沈没し，米栽培の面積は半減する。1メートルだけでも，世界で1億人の洪水難民が発生し，アメリカでは南フロリダに住む人々はそこに住むことができなくなる[33]。2100年以降も，1,000年間に同様の上昇が続く。

ハリケーンSandyの結果，既にアメリカの「Dauphin Island」という島について，頻繁の自然災害毎に復旧する意味があるのか，それとも，その島での生活を諦めるべきか，との議論が出ている[34]。将来は，その議論は極めて広範な領域について不可欠となり，結局，New Yorkなど大都市も，諦めるしかなくなる。

グリーンランド・南極の氷床が溶解した場合，海面が大幅に上昇する。グリーンランドの氷床の溶解分で海面は7.2メートル，同じく南極の分で61.1

---

30 Dai, Drought under global warming: a review, 2010, k-lenz.de/a016.
31 Ackerman, Stanton, The Last Drop, Climate Change and the Southwest Water Crisis, 2011, k-lenz.de/a017.
32 Wikipedia, 2012 North American drought, k-lenz.de/m004.
33 Romm, An Illustrated Guide to the Science of Global Warming Impacts, How We Know Inaction is the Gravest Threat Humanity Faces, 2012年10月12日 k-lenz.de/m003.
34 Justin Gillis and Felicity Barringer, As Coasts Rebuild and U.S. Pays, Repeatedly, the Critics Ask Why, New York Times, 2012年11月18日, k-lenz.de/m005.

メートルの海面上昇となる[35]。総計 68.3 メートルの海面上昇では，東京は完全沈没となる。最後の氷河期の氷床最大拡大時点（１万 8 千年前）には，海面が現在より 120 メートルも低かった[36] ので，海面が大幅に変わることは，地球の歴史で何ら珍しいことではない。人間が住み始めて海の近くに大都市を作ったので，海面上昇は極めて深刻な問題を引越すのだ。

温暖化による「種の絶滅」は，現在の種の 80%を超えると推察され，海洋の酸化により，海洋の広大な地域に生命体が生存できない（dead zone）という現象も予測される[37]。

未知の悪影響の例は，カナダの森林の 8 割に被害を持たせているキクイムシの普及である。その結果，従来 CO_2 吸収した当該森林は，逆に CO_2 排出源になった。10 年前は温度上昇によりこの被害が生じること自体，だれも予測しなかった。同様に，今後の温度上昇からもまた別な予測されていない深刻被害が生じるはずである[38]。

異常気象現象（台風・豪雨など）の頻度と威力が増していることは，世界最大の再保険会社 Munich Re の内部資料で既に確認されている[39]。2011 年 9 月 21 日に，東京の渋谷で台風が大木を倒してタクシーが下敷きになったことは，記憶に新しい[40]。2011 年 10 月タイの洪水は史上最悪で，国土の 4 分の 3 に被害が及び，死者が既に 200 名を超えた[41]。

台風・洪水の現実を説明するには，論文では限界があるが，元アメリカ副大統領 Gore 氏が 2011 年 9 月にインターネット放送演説[42] で使った画像・ビデオは地球温暖化の問題に関する概説として参考になる。

---

35 Intergovernmental Panel on Climate Change, Third Assessment Report, Climate Change 2001, k-lenz.de/a018 参照．
36 Global Greenhouse Warming.com, Ice Ages and Sea Levels, 2011 年 1 月 21 日現在, k-lenz.de/a019.
37 Romm, An Illustrated Guide to the Science of Global Warming Impacts, How We Know Inaction is the Gravest Threat Humanity Faces, 2012 年 10 月 12 日 k-lenz.de/m003.
38 Romm, 前掲．
39 Ehring, Blaupause für den Klimawandel, 2011 年 5 月 9 日, k-lenz.de/a020 参照．
40 Lenz, Sometimes, the storm comes close, 2011 年 9 月 21 日ブログ発言, k-lenz.de/a021.
41 Yahoo News, Thailand's "worst" floods leave 224 dead, 2011 年 10 月 5 日, k-lenz.de/a022.
42 Gore, Climate Reality Finale, 2011 年 9 月, k-lenz.de/a023.

台風の威力と頻度の増加は，特に日本でも重大な損害を発生させることになる。この点について具体的な検討を行った論文によると，甚大な被害が予測されるため，再生可能エネルギーへの転換に費用がかかったとしても，回避できる被害より大幅に安い[43]。

食料不足のリスクについては，国際連合食糧農業機関の発表によれば食用農産物相場が最近，例のない高い水準まで上昇した。食料予算が収入の大きな割合を占める何億人もの人々にとっては深刻な問題である。今後も，猛暑・旱魃・洪水により収穫量が減少することが予測されるため，悪化が必至の問題である[44]。

健康被害は，以下のリスクを含む。オゾンのレベルが上昇する。温度の上昇に伴う現象である。WHOの安全基準を超える地域が増加することになる。喘息の率が倍に増える。モスキートの普及による伝染病被害の拡大，サルモネラ被害の拡大も予測される。

以上，簡単であるが，地球温暖化の恐ろしさを多少理解できる説明である。しかし，本章は，その恐ろしさを前提として，対策の提案を重点とする。数ある対策のなかで特に「砂漠からのエネルギー」発想をモンゴルとの関係で検討する。

「砂漠からのエネルギー」の発想は，再生可能エネルギーを中心とする。そのため，まず再生可能エネルギーに関する総論的な検討が必要となる。

第3節　エネルギー論争

私は，地球温暖化対策が最優先課題と考えている。原発も，低炭素エネルギーであるため，原発と再生可能エネルギーの関係を検討する必要がある。

---

[43] Miguel Esteban, Qi Zhang, and GorkaLongarte-Galnares, Cost-benefit analysis of a green electricity system in Japan considering the indirect economic impacts of tropical cyclones, Energy Policy Volume 43, April 2012, 49-57, k-lenz.de/m006.

[44] Romm, An Illustrated Guide to the Science of Global Warming Impacts, How We Know Inaction is the Gravest Threat Humanity Faces, 2012年10月12日 k-lenz.de/m003.

私はこの問題について，ブログで多くの意見を発信しているが，ここでは簡単に最も基本的な事項について触れてみる。

1.「電流大戦争」(The Great War of Currents)

現代の電力に関する論争は，原発の是非，再生可能エネルギーの是非，分散型と集中型の対立など，多数ある。

しかし，電力の歴史には，「電流大戦争」といわれている論争があった[45]。19世紀には，直流方式と交流方式の「戦争」(論争)があった。エジソン(Edison)は直流を主張したが，競争相手のウェスチングハウス(Westinghouse)は交流を推進した。

この「大戦争」で勝利を収めたのは交流方式である。そのため，いまでも交流方式が世界の電力系統では主流となっている。

この論争の特徴は，両方の選択肢が共存できないところにあった。系統全体が機能するためには，一方の方式に統一する必要があった。この論争でエジソンは全くの敗者となった。

この特徴は，原発と再生可能エネルギーの論争にもあるのか。原発と再生可能エネルギーが共存できるのか。

共存が可能であれば，地球温暖化による将来の深刻な事態を回避するために，原発も再生可能エネルギーも必至に推進して，1日でも早く化石燃料に依存しない状況を達成する必要がある。だが原発については，放射能のリスクがある。よって「放射能のリスクが地球温暖化のリスクより深刻」であることまで説明しなければならないことになる。

しかし，共存が無理ならば，「電流大戦争」と同様に，両方を同時に支持することは不可能となる。この点について，私は「原発と再生可能エネルギーの共存は無理」と考える。

その根拠として，第一に経済的な理由がある。

「ヨーロッパでは，新規原発はもはや無理である」との発言がある。発言

---

45 Wikipedia, War of Currents, k-lenz.de/m007 参照.

者はドイツ大手電力会社の新しい社長 Terium 氏である[46]。具体的には，次のように SPIEGEL 誌のインタビューに発言した：

「The large amounts of wind and solar energy that are being fed into the grid, together with the economic crisis, have led to a sharp decline in electricity prices.

SPIEGEL: But consumers in Germany now have to pay more for their electricity.

Terium: Yes, because government levies for new, renewable forms of energy, electricity grids and storage facilities drive up the price of electricity. The price we receive for generating power is currently so low that it's simply irresponsible to build an expensive nuclear power plant in Europe. The nuclear power chapter has come to an end for us. (Emphasis mine).」

私の翻訳では，日本語で以下のようになる：

「風力およびソーラーの大量発電が電力系統に供給されているが，経済危機とともに電力単価は大幅に下落した。

SPIEGEL：だがドイツの消費者は，電力により多く支払わなければならない。

Terium：そのとおり。新しい再生可能の形のエネルギー，電力系統および電力保存設備のための政府賦課金が電力の値段を増加させているからである。我々が発電のために受ける単価は現在低い。そのため，ヨーロッパで高価な原発を新規建築するのは，全く無責任である。我々にとって，原発の章は終わった。」(下線は Lenz による)。

第二に，地球温暖化対策として原発を支持する人々は，上記の関係を理解しており，ほとんど再生可能エネルギーに反対している。地球温暖化による史上最大の危機が到来するまで，再生可能エネルギーを支持しながら，「原発も我慢してください」という謙虚な主張ならともかく，「原発があるから，

---

46 Lenz, Solar already too cheap, eating nuclear's lunch, 2012 年 7 月 7 日ブログ発言, k-lenz.de/m008.

高価で不安定な再生可能エネルギーは不要」との立場である。

原発の支持者達は再生可能エネルギーを攻撃しているが，私は原発を支持できない。

私は再生可能エネルギーを支持しているため，それだけで原発を支持できない大きな理由になる。逆説的にも，原発支持者が再生可能エネルギーを批判すればするほど，元より少ない原発支持がさらに減少することを，彼らは理解していない。

第三に，原発の実績は芳しくない。発電のピークは 2006 年の 2,660TWh で，そこからは 2011 年の 2,528TWh に低下した。世界の電源のシェアは 1993 年の 17％がピークであり，2011 年には 11％まで減少した[47]。世界中の原発の大半は 70 年代・80 年代に運転開始したので[48]，今後閉鎖する原発に代わる新規建築でも，追いつくことは困難であり，今後の大幅な拡大も期待できない。

従って，既存原発が低 CO_2 エネルギー供給にある程度は貢献しているが，これからの大規模の新規原発を期待する地球温暖化対策方針は，現実的でなく，無責任である。

原発と再生可能エネルギーの共存は困難であるが，ソーラー支持者内部の紛争もある。一部の人々は，消費者に近く，分散型で小規模のソーラー発電を支持しながら，Desertec など大規模発電を否定している。例えば，ドイツで 1 日 100 万件以上の利用者がいる Photovoltaik Forum という大手 BBS[49] では，2012 年 11 月に Desertec の是非についての議論が展開されたが[50]，350 件以上の発言があった。

この論争は，原発と再生可能エネルギーの大論争と違って，共存が可能である。ドイツは分散型ソーラーを世界で最も早く導入したが，それはアフリカの砂漠でも可能である。

47　Mycle Schneider, Anthony Froggatt and Julie Hazeman, Nuclear Industry Status Report 2012, k-lenz.de/m009, 11.
48　Mycle Schneider 他，前掲，12.
49　Mirco Sieg, Mehr als eine Million Klicks am Tag, Photovoltaik 1/2012, k-lenz.de/m010.
50　Der Irrsinn Desertec geht weiter…, k-lenz.de/m011.

むしろ，ドイツでの大量導入の結果，ソーラーの単価が大幅に下落したため砂漠で大量発電するには都合がいい。逆に，砂漠で何兆ドル規模のソーラー発電が可能になれば，小規模ソーラーの単価はさらに下がることになる。

エジソン（Edison）の時代の直流と交流の大論争に話題を戻すと，現在は，2つの観点でエジソンの発想も有力になっている。

第一に，交流の勝利は，集中型発電の経済的優位にあった。しかし，ソーラー，風力の電源は，分散型である。屋根でソーラーを発電して，電池に保存して自分で消費するような場合，電力系統は不要となる。集中型から分散型への展開は，再生可能エネルギーの普及の1つの側面である。

第二に，最近は長距離の送電線では，エジソン時代とは逆に直流を使うようになった[51]。なお，エジソンは，地球温暖化について誰も心配しない1931年ですでに，以下のように発言した：

"We are like tenant farmers chopping down the fence around our house for fuel when we should be using Nature's inexhaustible sources of energy ― sun, wind and tide. I'd put my money on the sun and solar energy. What a source of power! I hope we don't have to wait until oil and coal run out before we tackle that."[52]

（私の翻訳で，以下のようになる）：「我々は，賃貸で農場を経営する者が，家の周りの柵を燃料のために切り落とすようなことをしている。我々は，自然の無限のエネルギー源を活用すべきである。太陽，風力，潮。私は，太陽およびソーラーエネルギーに賭けてみたい。何とすごいエネルギー源だ！石油や石炭がなくなるまで，その問題に取り組むことを我々が待たないように，望んでいる。」

2. 再生可能エネルギーに対する反論：費用

私は，再生可能エネルギーの迅速な発展を強く支持している。地球温暖化

---

51 Wikipedia, High voltage direct current, k-lenz.de/m012 参照。
52 Shahan, Thomas Edison: For 100% Renewable Energy, Especially Solar, 2012, k-lenz.de/1164.

対策として原発に期待できないのであれば，CO2 排出が少ないエネルギー源は，再生可能エネルギーしかない。

しかし，再生可能エネルギーに反対する者もいる。その典型的な論拠は，再生可能エネルギー，特にソーラーの費用が安い点を理解していないところにある。その費用の側面について，ここで簡単に検討する。

第一に，原発に期待できない以上，比較の対照は「地球温暖化による被害」であり，石炭などの化石発電ではない。

今現在でも，地球温暖化の被害の世界合計が年間 1.2 兆ドルと推定されている[53]。世界全体の GDP の 1.6％に相当する莫大な被害であるが，これから温暖化が進むことにより，被害はさらに増大する見通しである。

Romm によると，CO2 排出を削減しない場合の被害総額が 1,240 兆ドルと推定されている[54]。

また，よく知られている 2007 年の Stern Review[55] は地球温暖化の被害を世界 GDP の 5％から 20％と推定している。2011 年度の世界の GDP は 79.39 兆ドル[56] であり，その 20％は 16 兆ドルとなる。毎年 16 兆ドルの被害である。現在すでに発生している被害の 10 数倍となるが，むしろ控え目の数値と思われる。

金星症候群が発生して，温度が数 100 度も上昇するリスクもある。それが実現した場合，その費用を計算することが不可能となる。

既に現実に発生している被害と比べて，再生可能エネルギーの費用は僅かしかない。すなわち，「再生可能エネルギーは極めて安価」という事実を理解していない人は，地球温暖化の費用を理解できない。

ドイツでは 2012 年 10 月 15 日，再生可能エネルギーの促進に伴う賦課金 (surcharge) を 2013 年から 1kWh 当たり 5.227 セントになる，と発表され

53　Fiona Harvey, Climate change is already damaging the global economy, report finds, Guardian 2012 年 9 月 26 日記事。
54　Joe Romm, Real Adaptation is As Politically Tough As Mitigation, But Much More Expensive and Less Effective at Reducing Future Misery, 2012 年 11 月 11 日ブログ発言，k-lenz.de/m014.
55　Wikipedia, Stern Review, k-lenz.de/m015 参照。
56　Wikipedia, Gross World Product, k-lenz.de/m070.

た[57]。その費用が高いか否かを検討するには、平均のドイツ家庭で再生可能エネルギーの促進に使用された収入の割合が参考になる。最近の報告書によると、0.3％である。グラフで表示する際に、虫めがねを使わないと見えないほど、微細な費用である[58]。これで地球全滅の危機を完全に排除できる、また世界全体のGDPの20％程度の被害を回避できるので、極めて安い買い物である。おそらく、人間の長い歴史で最も僅かな資金で最も大きな利益を出す制度の1つである。

本章ではドイツの買取制度の詳細を論じる[59]余裕がないが、この制度の最大の効果として、ソーラー発電の費用が激減した事をあげることができる。その恩恵はドイツ国内だけで受けるのではなく、ドイツの努力のお陰で、日本がこれから爆発的にソーラーを増やす際、大幅安い単価で済むことになる。潮が下がって、すべての船が上がる「The Ebbing Tide Lifts All Boats」と比喩的に説明している[60]現象である。

特に、世界一の排出量を記録している中国で石炭発電を止めることは、地球温暖化対策として、戦略的に最重要である。ドイツは、その目的に向けて大いに貢献できることを、私は同じドイツ人として嬉しく感じる。

確かに、他国が動き出すのを待って、その後で自国でより安い単価でソーラーに移転することは、費用を節約する面では賢明である。しかし、ドイツは19世紀から多くの化石燃料を使って、その結果でドイツ人が歴史に例のないほど良い生活ができたので、地球温暖化対策も、他国よりは進んで負担する倫理的な義務がある[61]。

ドイツの最大の貢献がソーラー発電のコスト低下にあるが、その費用は、どのようになっているか。

---

57 Übertragungsnetzbetreiber, EEG-Umlage 2013, k-lenz.de/m017.
58 Lenz, German Feed-in Tariff Cost Invisible Without Magnifying Glass, 2012年10月19日ブログ発言、k-lenz.de/m016参照。
59 それについてはLenz、ドイツ再生可能エネルギー法の2011年改正、青山法務研究論集4号(2011年)、k-lenz.de/m018参照。
60 Lenz, The Ebbing Tide Lifts All Boats, 2012年10月9日ブログ発言、k-lenz.de/m019.
61 Lenz, The Moral Case for High Feed-in Tariffs in Germany, 2012年10月14日ブログ発言 k-lenz.de/m020参照。

最近の報告によると，2000年から2020年の総費用は，700億ユーロと推定されている[62]。年間35億ユーロ，1人当たり年間42ユーロ，1人当たり月3.5ユーロ（400円）前後[63]の計算になる。

この程度で，地球温暖化を大幅に緩和できる。また，化石燃料輸入の代金も不要とすることもできるので，長期的に見て，極めて安い買い物である。現に，2011年ですでにドイツは60億ユーロ分の化石燃料代を節約できた[64]が，それは再生可能エネルギーのシェアが20%での実績である。今後，数10年間で自給率100%が可能になるため，長期的にみて，安いだけではなく，国内で安定した形でエネルギーを確保できる。

それでもドイツは2011年だけで化石燃料輸入のために810億ユーロを払った[65]。20年間のソーラー費用よりも，1年間の化石燃料費用の方が実は高いので，いかにソーラーが安い買い物か，明らかである。

3. 再生可能エネルギーに対する反論：安定性

再生可能エネルギーに反対する人々の一部は，「ソーラー発電は，夜に機能しない」と指摘する。

確かに，夜には当然のことながら太陽がないので，何らかの保存手段を用意しないと，ソーラーは使えない。

同様に風力についても，風が吹かない時間帯では発電ができない，との指摘もある。

そのため，「安定性」について，多少の検討が必要である。

結果を先に述べると，様々な観点，100%再生可能エネルギーの場合，化石燃料・原発に依存する場合より大幅に安定している。

第一に，化石燃料は長期的に値上げしてから，いずれなくなる。CO_2に

62　Fraunhofer ISE, Aktuelle Fakten zur Photovoltaik in Deutschland, 2012年11月21日, k-lenz.de/m021, 15.
63　2013年1月の1ユーロ115円前後を前提に。
64　Agentur für Erneuerbare Energien, Energiewende läßt Importabhängigkeit sinken: Erneuerbare vermeiden mehr als 6 Milliarden Euro Energieimporte, 2012年11月1日, k-lenz.de/m022.
65　Agentur für Erneuerbare Energien, 前掲.

よる壊滅的被害を無視しても，継続できないことは明らかである。自然に化石燃料ができるには億年単位が必要であり，現在の世代は，地球の全歴史にできた遺産を勝手に浪費しているので，それは長期的にみて「極めて不安定」な制度である。

　人類が現在一年間に消費している化石燃料は，新たにできるために，実は530万年も必要である[66]。今の人類は年間1円の収入で530万円を消費するような浪費を行っている。このようなことが長期的に維持可能なはずがない。

　第二に，福島原発のような事故が発生すると，極めて大きな電源を瞬時に失うことになる。化石燃料発電所の場合，燃料を確保できない場合には使えない。再生可能エネルギーの燃料（太陽・風）は，間隔を置くが絶対に使用できる。次の日に太陽が昇らないことはありえない。風が長期間に完全に止まることはありえない。ロシアからガスがドイツに届かないことは十分ありうる。もちろん，原発の場合，稀ではあるが事故が十分ありうる。

　しかし，確かに，風力・ソーラーの場合，動かない時間帯もある。それらの時間帯のための対策が必要である。

　これは解決できない問題ではなく，解決できる課題である[67]。

　個人が自宅の屋根にソーラーを設置して電力を完全に自給するためには，電池で足りる。場合によっては，電気自動車の電池も併用すればいい。

　産業用の電力のためには，それだけでは足りないので，水素で対応すべきである。ソーラー・風力の供給が需用を上回る時間帯でその電力で水を分解して，後で水素を燃やして発電する。その際，自宅の地下に置く小規模の多数の発電機を使って，排熱をすべて暖房・お湯の提供に利用できるので，エネルギーの90％を回収できる（ZuhauseKraftwerk）[68]。

　また，ソーラー発電でもCSP技術を使うと，24時間体制で発電できる。

66　Schellnhuber, SPIEGEL誌インタビュ（2011年3月23日），k-lenz.de/m040.
67　ドイツ連邦議会議員Hans-Josef Fellの発言，Osha Gray Davidson, Clean Break, 2012年11月 k-lenz.de/m023参照．
68　Lenz, Lichtblick ZuhauseKraftwerk Update, 2012年11月16日ブログ発言 k-lenz.de/1008参照．

CSP とは Concentrated Solar Power の略で，太陽光を反射鏡で集めて，塩の媒体を高温で熱して，その後，化石燃料発電と同様にタービンを回す，という技術である。「太陽熱発電」は，Wikipedia の訳語である[69]。

この技術はいまだ太陽光発電と比べて設置実績が遅れているが，24時間体制で発電できる魅力があるため，将来，多く利用されると思われる。例えば，サウジアラビアでは，今後20年間で1,090億ドルをソーラー発電に投資する予定であるが，設備の大半は太陽熱発電にする予定である[70]。

さて，再生可能エネルギーの総論を以上にして，次は「砂漠からのエネルギー」の基本を説明して，モンゴルのゴビ砂漠からのエネルギーについて検討する。

第4節 「モンゴルのゴビ砂漠からのエネルギー」の基本

1. Desertec

「Desertec」とは，「Desert」（砂漠）および「tec」（技術）からできた言葉で，世界各地の砂漠から大規模の再生可能エネルギーを採る発想である。

この発想について Heckel の入門書[71]，Desertec のサイト[72] および Gropp と Knies の「Desertec-Atlas」での入門書[73]を参照していただきたい。ここで簡単にまとめてみる。

世界各地の砂漠の莫大なソーラー資源を採集することが基本発想である。Desertec のスローガンは「Within 6 hours deserts receive more energy from the sun than humankind consumes within a year.」である。すなわち，「人類が1年で消費するエネルギーより，砂漠が太陽から受ける6

69　Wikipedia，太陽熱発電，k-lenz.de/m024.
70　Lenz, Most of Saudi $109 Billion Solar Investment in CSP, 2012年11月23日ブログ発言，k-lenz.de/m025 参照。
71　Heckel, Desertec-Energy for Everybody (2011), k-lenz.de/1059.
72　Www.desertec.org.
73　Gropp and Knies, DESERTEC-Konzept, in: Deutsche Gesellschaft Club of Rome e.V., Der Desertec-Atlas, 2011, 14-21.

時間分のエネルギーの方が多い」，との事実を指摘している。

これについて，Kniesの2006年論文[74]からその他のいくつかの数字を追加してみる。Kniesは，チェルノブイリ事故を受けて1986年にDesertecの発想を最初に考えた人である。

砂漠の太陽エネルギーの47日分は，すべての知られている化石燃料資源に匹敵する。274日分は，すべての知られた資源にこれから発見が期待された資源を足した分に匹敵する。したがって，1年間の砂漠の太陽資源は，地球に存在するすべての化石燃料資源を上回る。当然ながら，その資源は，砂漠以外のソーラーその他の再生可能エネルギーの開発に追加するものになる。

この発想は，IEA（国際エネルギー機関）の「Task 8」（課題8）によっても研究されてきた[75]。私は最初にこの研究の発想について聞いた。

もちろん，ソーラーパネルまたは風力発電をドイツ・日本国内で設置することはできる。自分の屋根の上でソーラー発電ができるならば，電力を遠いところから送電する必要がない。他人に発電のために金を払う必要もない。また，北アフリカの政治的不安定などのリスクも回避できる。

ならば，なぜ見知らぬ遠い砂漠でソーラーパネルや風力発電を行うのか。

第一に，ソーラー及び風力が優れた低CO_2エネルギー源であるが，それらは大きな空間を必要とする。再生可能エネルギーのシェアを大きく伸ばすためには，必要な面積が国家単位のような大規模になる。この点はMcKayの書籍[76]で詳しく説明されているので，ここでは詳細を省く。

とくにドイツについていうと，ドイツは確かに世界一の太陽光発電容量を設置したが，ドイツはソーラーに余り適していない国である。北アフリカのソーラー資源はドイツの資源を大幅に上回っている。また，赤道に近い分，発電量の変化が少なく，より安定した発電が可能である。ソーラー発電は太陽資源の多いところで行うことは，当然の原理である。

---

[74] Knies, Global energy and climate security through solar power from deserts, k-lenz.de/1065.

[75] See Komoto and others, Energy from the Desert, 2009, k-lenz.de/1061and the project page at k-lenz.de/1060.

[76] McKay, Sustainable Energy—without the hot air, 2008, www.withouthotair.com.

上記の論点は常識的である。それに対して，以下の点は，他に余り論じられていない。ただし，2012年9月に，孫ソフトバンク社長が同じような点を指摘した[77]。

　ソーラーパネルの興味深い利点の1つは，100年でも機能できるところにある。現代の最良ソーラーパネルは，年間0.5%だけエネルギー生産量を下げている。20年経過して90%が残ることになる。20年間で設備投資を既に回収したことになるはずである。30年で86%，50年79%，70年72%，100年でも63%が残る。

　砂漠で大量に設置する場合，このような数字を前提に，入れ替える必要が何らない。必要な面積を確保する費用はゼロである。50年経過しても8割の生産能力が残ることは，長期的にみて費用を極めて低く抑えることになる。燃料がいらないソーラー発電の設備費用回収を終了した場合，ゼロに近い費用のエネルギーを供給できる。

2.「石灰岩・酸化カルシウム循環」の2011年提案

　ドイツの研究者チームは，砂漠からエネルギーを工業地まで運ぶ新しい発想を提案した。彼らの論文「A new concept for the global distribution of solar energy: energy carrying compounds」(ソーラーエネルギーの地球規模の運搬に関する新しい発想：エネルギー運搬物質) は2011年9月に発表された[78]。極めて有意義な提案で，大規模の砂漠企画を検討する際に配慮する必要がある。

　砂漠からエネルギーを運ぶための通常の発想は，送電線を整備することである。この発想でも，特に問題ない。現代の送電線の技術は，極めて遠い距離でもロス少なく送電できる。モンゴルの砂漠から日本まで，場合によってヨーロッパまでの送電は，技術的にみて簡単にできる。

77　Lenz, Masayoshi Son: Zero Cost Solar Power, k-lenz.de/m026, 2012年9月8日ブログ発言，k-lenz.de/m026参照。
78　B. Müller, W. Arlt and P. Wasserscheid, A new concept for the global distribution of solar energy: energy carrying compounds, Energy and Environmental Science 2011, 4, 4322-4332, k-lenz.de/a011.

ただし，これらの送電線を使った場合の重大な問題点がある。誰かが電線を整備してくれないと機能しない点である。

そのため，特に計画の早い段階では，エネルギーを届ける代案は大歓迎である。著者が主張しているように，電線より経済的であるならば，なお追加的な利点となる。

基本的な発想は，以下のように機能する。化学の反応が前提となるが，私のような化学専門家でない者でも理解できる。砂漠で，ソーラー窯（solar kiln）を使って，1,000度程度の温度で石灰岩（CaCO3, limestone）を酸化カルシウム（CaO）およびCO2に分解する。この過程は「煆焼」（かしょう，calcination）という。人類は，煆焼の技術を数千年前から持っている。但し，従来は火力で行う過程である。セメント製造のためにも必要であるため，建築の基本でもある。石灰岩を窯で加熱するだけの話である。煆焼それ自体は，特に新しい発明ではない。

次に，酸化カルシウムをドイツ，その他，エネルギーを使用したい工業地に運ぶ。CO2と一緒に650度まで加熱すると石灰岩に戻る。その際，砂漠で煆焼した際に投入したエネルギーが解放される。

当然ながら，そのためにCO2が必要となるが，それはCO2を捕獲する火力発電所から調達できる。

研究チームは，この循環が高圧電線より効率が良いと推定している。その推定を裏付けるために，簡単な計算をしている。とにかく，長距離の電線がまだ整備されていない間には，この提案，または似たような提案が唯一の方法となる。いくつかの反論や批判もある。第一に，酸化カルシウムを運ぶことが困難である，との批判である。個体であるため，パイプラインを通して届けることができない。

この不都合な性質は，石炭と同じである。石炭は，鉄道などで運ばれている。問題は，1キロ当たりのエネルギーが石炭と比較してどの程度なのか，という点にある。本件論文は，石炭の3分の1程度，と推定している。

なお，パイプラインを使えないとの批判に対する反論は，次のようにもできる。パイプラインを整備する必要があるならば，最初から電線の整備も

きる。インフラが特にない状況でエネルギーを届けるところに，本件提案の大きな魅力がある。

石炭の費用の相当程度の割合は，運搬によって発生する。同様のエネルギーを届けるために費用が3倍になる点は，石炭との競争では大きな不利益となる。

他方，ドイツで発電する場合は，排熱を他の目的に利用できるが，砂漠では，それは簡単にできない。

本件論文の著者は，本件提案のさらなる大きな利点に触れていない。酸化カルシウムはいつでも燃やすことができる。この提案のもとで，数カ月分の電力の貯蓄を整備することが可能となる。単に電線でエネルギーを運ぶ場合には，それはできない。

必要となるすべての物質は，無毒であり爆発のリスクもない。水素をエネルギー運搬物質に使う場合，爆発の危険があるので，水素と比べての大きな利点となる。

3. 石灰岩・酸化カルシウム循環とウランバトルの暖房問題

上記論文の基本発想は，当然ながら工業的なエネルギー使用にしか適していない。単なる暖房には簡単に使えない。しかし，別の酸化カルシウム循環もあり，これは暖房に利用できる可能性がある。実は，既に13世紀に人間は酸化カルシウムを炊事に使った[79]。比較的最近では，エチオピアの研究者チームが，酸化カルシウムを使用するソーラーストーブを提案した[80]。彼らは，酸化カルシウムに水をかけることで，水が酸化カルシウムと反応して水酸化カルシウム Ca (OH) 2 になるときに，エネルギーが発生する現象を利用している。パラボーラ型のソーラー集熱鏡で水酸化カルシウムを加熱することにより，酸化カルシウムに戻り，エネルギーを保存する，との循環である。

---

[79] Gretton, Lime Power for Cooking—Medieval Pots to 21st Century Cans, 2010, k-lenz.de/1096.

[80] Eshetu, Desalegn and Ramayya, Development and Testing of a Regenerative Rechargeable Solar Stove System, 2005, k-lenz.de/1097.

ソーラーエネルギーをこの方法で保存して炊事に使う提案である。もしこの提案が実現出来るならば，発展途上国で，室内で薪を燃やしての炊事に代替できる。室内焚火は，木の数を減らし，室内発煙により重大な健康問題の原因にもなる。

このような機器で炊事できるならば，次に，最低限でも暖房に必要となるエネルギーの一部をこの方法で提供できないか，との検討も必要となる。近所で置くソーラー設備で酸化カルシウムを作って，暖房に充てることが可能である場合，石炭よりも安いエネルギー源となる可能性もある。

この発想は，特に新しいものではない。米国のNASAはすでに1990年に，月面基地の常時エネルギー保存手段として検討した[81]。月面の夜は14日間も続く。そのためエネルギー保存は重大な問題となる。この論文では，著者は水酸化カルシウムを分解する際に発生する蒸気を発電に利用することも提案している。

4. 酸化カルシウムを運ぶ

この酸化カルシウム循環によるエネルギー運搬に関する別の極めて単純な発想について，元の著者は特に述べていない。酸化カルシウムを燃料として使うより，単に建築資源として利用することも，当然にできる。

セメント産業は，世界のCO_2のおよそ5％を排出している[82]。1トンのセメントを製造するのに，900キロのCO_2が排出される。2011年のセメント製造総量は，34億トンであるので[83]，相当多くのCO_2排出が問題となる。その4割程度は，酸化カルシウムを製造するに必要なエネルギーから発生し，残りは，「煆焼」(calcination) 過程がCO_2を排出する点から生じる。

当然ながら，砂漠で1トンの酸化カルシウムを製造して，石炭窯で製造されたものに代替すると，360キロのCO_2を節約できることになる。

---

81 Perez-Davis and DiFilipo, Energy Storage for a Lunar Base by the Reversible Chemical Reaction CaO ＋ H2O to Ca (HO) 2, 1990, k-lenz.de/1098.
82 Wikipedia, Cement, en.wikipedia.org/wiki/Cement.
83 Wikipedia, List of countries by cement production, k-lenz.de/m028.

法律上，すべてのセメントを砂漠でのソーラー窯で製造するように要求した場合，10億トン規模のCO2排出削減となる。

また，この発想を発展させる時期には，ソーラー発電のための買取り制度（feed-in tariff）から学んで，その方法を発展させることは可能である。ドイツの買取り制度は短期間で大量のソーラー設備設置に成功したため，効果的である。

すなわち，セメント産業に対して，砂漠のソーラー酸化カルシウムを優先的に使用することが求められる。最初の汚い石炭酸化カルシウムを使用する前に，すべての砂漠酸化カルシウムを使用しなければならない，との優先である。さらに，砂漠酸化カルシウムの単価を，費用と適切な利益を賄う程度に，規制で定めるべきである。

砂漠で発生するCO2は，人工燃料を製造するために利用すべきである。例えば，水素からメタンを製造するためには，CO2が必要である（後に詳しく説明する）。

また，将来的には，カンラン石（olivine）風化（weathering）技術を使い，そのCO2の安全な処分可能性も指摘されている[84]。ただし，その技術は未開発であるので，実現出来るまでに数十年間を必要とする。

酸化カルシウムを市場に運ぶ発想は，当然ながら，他の有益物質に拡大できる。当該物質を製造するためにエネルギーが必要である場合，仮に，当該物質を燃料に使ってエネルギーを回収しない場合でも，当該物質を運ぶことは，同時にそれに含まれているエネルギーを運ぶことになる。

例えば，アルミニウム産業は，伝統的に製錬工場を安価な電力を入手できる場所で生産されてきた[85]。したがって，世界各地の砂漠の大量発電が実現される場合，砂漠でアルミニウムを製造することは，そのエネルギーを効率よく使用する方法となる。送電線を通して数千キロ遠いところまで運んだ後に，運んだ先で電力を使用するより，効率がいいはずである。

---

[84] Köhler, Hartmann and Wolf-Gladrow, Geoengineering potential of artificially enhanced silicate weathering of olivine, 2010, k-lenz.de/1103.
[85] Wikipedia, Aluminum, en.wikipedia.org/wiki/Aluminum.

このように考えると，企画全体は広大な砂漠を有するモンゴルにとってより魅力的になる。その場合，エネルギーを海外に売るだけでなく，エネルギーを必要とする国内の工業開発もモンゴルにできることになる。

5. エネルギー運搬物質として水素の利用

著者はこれらの問題について検討を始めた 2006 年に，この目的のために「Hydrogen Mongolia」（水素モンゴル）の名称でブログを開設した。当時は，砂漠で発電した電力で水素を製造して，その水素を運ぶことを考えたからである。

というのも，送電線が未整備な場合はこれしかないと思ったからである。酸化カルシウム循環の提案は，当時はまだなかったし，他の選択肢についても認識がなかった。今は，他の多くの選択肢が現れているし，ここでもまだ紹介できる発想もある。水素と酸化カルシウムを比較すると，水素は爆発のおそれがあるのに対して，酸化カルシウムはその可能性がなく，より安全である。

その反面，水素では自動車を動かすことが可能である。また，（メタンに追加して）既存のガスパイプラインで運ぶことも可能である。

また，水素に CO_2 を追加することによって，メタンを製造することも簡単にできる。既存のガスパイプラインでなお簡単に運ぶことが可能となる。その過程は 1897 年にフランスの化学ノーベル賞受賞者 Paul Sabatier により発見されたため，Sabatier 過程と呼ばれている[86]。

そのために CO_2 が必要だが，その CO_2 はソーラー窯で酸化カルシウムを製造するときに生じるので，簡単に入手できる。

最低限でも，水素は同じ場所でのエネルギー保存目的の選択肢である。例えば，オユ・トルゴイ（Oyu Tolgoi）鉱山では，電力確保のために新たな石炭発電所を設置する予定であるが，私の意見では，モンゴルの豊富な砂漠資源を利用してソーラー発電で対応すべきである[87]。その場合，夜間にも電

---

[86] Wikipedia, Sabatier reaction, en.wikipedia.org/wiki/Sabatier_reaction.

力を必要とする分，昼間に一部の電力で水を水素と酸素に分解して，夜間に水素を燃やしてタービンを回す方法がある。

ドイツの風力会社 Enertrag は，まさにこの技術をすでに使っている。そのことにより，風力で得た電力を一番単価が高い時間帯で売ることが可能となり，制度全体の安定も増す[88]。

今は，水素が唯一の解決とは思わないが，状況によっては充分に検討に値する。その課題の1つはモンゴルの首都ウランバートル（Ulan Bator）での暖房問題である。ゴビ砂漠から大量のエネルギーを採る場合，早い段階でその問題の解決に使うべきである。この目的のため，当然ながらガスを燃やすヒータを使うことが可能である。パイプラインが不要なガスを運ぶ技術も，すでに開発されている。

6. シリコン製造

エネルギー運搬物質として酸化カルシウムの選択肢があるが，シリコンも可能性がある。Wikipedia の「energy density」（エネルギー密度）記事[89]は，シリコンの密度が最高級の石炭と同等である，と説明している。

当然ながら，酸化カルシウムと比較して重大な利点となる。運搬費用が3分の1になるからである。固体物を遠く運ぶ案では，できるだけエネルギー密度の高い物質を使いたい。

この Wikipedia 記事は，フランクフルト大学の Norbert Auner 教授の 2004 年論文（Deutsche Bank Research で発表）を引用している。表題は「Silicon as an intermediary between renewable energy and hydrogen」[90] である（再生可能エネルギーと水素の間の媒体としてのシリコン）。

その論文で説明しているように，シリコンを普通の砂漠砂から製造する過

---

87 Lenz, Oyu Tolgoi Solar Power Plant, 2012年2月17日ブログ発言 k-lenz.de/m029 参照。
88 Enertrag, Das Hybridkraftwerk, k-lenz.de/1056.
89 Wikipedia, Energy density, en.wikipedia.org/wiki/Energy_density.
90 Auner, Silicon as an intermediary between renewable energy and hydrogen, 2004, k-lenz.de/1099.

程にはエネルギーが必要である。このエネルギーはシリコンの中で保存されることになり，後に別な場所で使うことが可能である。シリコンから水素を製造することになる。最も簡単な方法は，シリコンを水と反応させ，水素を燃やす，との方法である。

さらに，シリコンを空気と反応させ，砂とエネルギーに戻すこともできる。都合のいいことに，この反応は1,500度以上の温度でしか発生しない。すなわち，シリコンは通常の温度で発火しないので，運搬は安全にできる。

さらに，シリコンからアンモニアを製造して，それを肥料に使うか，または水素を得る物質として使うことも可能である。

水素を使う場合と比較して，次の当然の利点がある。砂漠では水が少ない（ゴビ砂漠は地下水の資源があるが，化石資源であるために，その使用を前提に考えるべきでない）。しかし，水素を製造するには，水が必要である。それに対して，砂漠で砂を見つけることは容易である。

すでに説明したように，シリコンは酸化カルシウムよりエネルギー密度が高い。さらに，酸化カルシウム循環は，酸化カルシウムを製造するときにCO_2を排出し，石灰岩に戻すときにCO_2を追加する必要がある。それに対して，シリコンの場合には，CO_2とは何ら縁がない。基本的には，エネルギー運搬物質の炭素の代わりにシリコンを使用する。シリコンの場合CO_2に相当する物質はSiO_2であるが，一般的には「砂」として知られている。温室効果が伴わない物質である。

この論文を見て，またより新しいドイツ語の論文[91]を見ると，これらの発想は原則として素晴らしいが，最初のドイツ自動車がシリコンで動く，または最初のシリコンで機能する暖房が首都ウランバートル郊外に密集する移動住居「ゲル」（中国語でパオ：包）に使えるまで，まだかなりの技術開発が必要であろう。

ただし今現在でも，シリコンを使えばエネルギーをモンゴルのゴビ砂漠から運ぶことは非常に簡単である。単に，砂漠でシリコン製造工場を設置すれ

---

[91] Auner, Von Sand und Sonne zu Elektrizität und Wasserstoff-Polysilane: Bausteine einer zukünftigen Silizium-Technologie, 2010, k-lenz.de/1100.

ば良いからだ。もしそこに適切な谷があるなら「シリコンバレー」のブランドを使うことも可能である。シリコンを製造する過程は，多くのエネルギーを必要とする。Robert Hartung の推定では，シリコンの費用の3割程度が電力の費用である。Hartung 氏は，ドイツ Centrotherm 社の社長であるが，シリコンおよびソーラーパネル製造技術を販売している会社である[92]。

2010年の雑誌記事では，以下のように発言している[93]。

"About thirty percent of the cost of silicon in Europe comes from electricity expenses. It's similar to smelting aluminum. In the future, we believe that new silicon plants will be built where electricity is cheap."

「ヨーロッパでのシリコンの費用の3割程度は，電力費から生じる。アルミを製錬するのと似ている。将来的には，新しいシリコン工場は，電力が安いところで設置されると思う」。

その記事で説明されているように，シリコンを製造する際に，2,000度を超える温度が必要である。電力で発生させる温度である。

砂漠での電力を使ってシリコンを製造し，製造物を運搬する場合，電力を日本に運んで日本でシリコンを製造すると同様の最終結果となる。言い換えると，シリコン，またはアルミニウムのような高いエネルギーを含む物質は，仮にそのシリコン・アルミニウムを燃やす予定がない場合でも，エネルギーを世界中に運ぶ方法として理解することができる。

砂漠の発電所の隣にシリコン工場を作る簡単な考えに，以下の利点もある。

第一に，当然ながら砂漠には砂がある。また，モンゴルの開発を考えた場合には，この発想では単に砂漠資源を使うよりは，新しい産業が国内で育つことになる。さらに，砂漠に設置されたソーラーパネルは，更なるソーラーパネルの原材料を安価で提供することになる。容量を増やすことにより発電のコストが下がり，シリコン製造が増加し，それによりソーラーパネルの単

---

[92] Wikipedia, Centrotherm, Photovoltaics, en.wikipedia.org/wiki/Centrotherm_Photovoltaics.
[93] PV magazine, The trouble with silicon, 2010, k-lenz.de/1101.

価が更に下がるという好循環が生まれる。

7. 海水淡水化

　ゴビ砂漠ではないが，既に砂漠で太陽熱発電を農業に利用する計画がある。Sundrop Farms（「日滴」農業）との名称で，オーストラリア海岸でトマトを作っている[94]。太陽と海水だけを利用して，温室内で農業が可能となる。

　従来の農業は，雨水を使う，又は地下水・河川水を使うことになる。現在でも多くの地域で雨水が少ない，地下水・河川水もない。従来の発想では，その場所で農業を営むことは不可能である。また，地球温暖化の弊害の1つは，水資源の減少・旱魃である。利用されている地下水の多くは化石資源で，一度使用した後，完全になくなる。

　そのため，Sundrop Farm のような新しい発想が必要である。農業に適する面積が飛躍的に拡大することになる。既にオーストラリアで経済性も立証され，Sundrop Farm は，これから規模を大幅に拡大する予定である。当然ながら，砂漠での太陽熱発電容量を拡大することになるが，特に送電線を必要としない。小規模で，発電した場所でエネルギーを消費するので，今すぐできる。

　オーストラリア海岸と異なり，モンゴルのゴビ砂漠は海からはるかに遠い。一番近い海は中国の渤海（Bohai Sea）だが，ゴビ砂漠からは1,000キロ程度，離れている。そのため，パイプラインで海水を砂漠まで運ばない限り，海水を利用できない。

　水をパイプラインで運ぶことは，実はさほど難しいことではない。すでに渤海から内モンゴルの石炭鉱山までの水パイプラインの提案もあるが，600キロで僅か60億ドルしか費用がかからない[95]。ゴビ砂漠での大規模エネルギー源を整備できた後，この程度なら発電設備の費用に比べて少ない。

94　Lenz, Sundrop Farms Australian Desert CSP Project, 2012年11月26日ブログ発言, k-lenz.de/m030.

95　Schneider, Water Pipeline Could Open China's Northern Coal Fields, 2011年4月5日ブログ発言, k-lenz.de/m031.

現在のところゴビ砂漠に簡単に入手できる海水は無いが、化石資源の地下水がある。

オユ・トルゴイ鉱山では、GuniiHoloi という化石地下水資源を使う予定である。最低限でも、68億立法メートルの水資源であるが、鉱山のために1秒間696リットルの水を使用する予定であるが[96]、その一部を温室栽培に分けることは、今でも簡単にできる。

8. ゴビ砂漠を利用することの戦略的利点

北アフリカで Desertec 発想を実現するために、「Desertec Industrial Initiative」が設立された。エネルギー部門、その他の関連部門（金融・保険など）でドイツを代表する会社が参加している[97]。

欧州のために砂漠で発電したい場合、北アフリカ・中東の砂漠は当然の選択となる。しかし、世界の他の砂漠でも、同様の計画を促進できる。

本章で検討するゴビ砂漠での大量発電には、北アフリカ・中東と比べて、以下の利点がある。

第一に、政治安定の問題がある。例えば、モルディブ共和国という島国も、地球温暖化対策として参考になる。第二、その元大統領 Nasheed 氏は、地球温暖化対策として世界年間 GDP の2％を投資するように提案した[98]。

地球温暖化により、国全体が沈む危険があるための提案であるが、私もその提案を支持している。

しかし、モルディブは、100％再生可能エネルギーへの転換を短期間で成し遂げる計画も発表した。インターネットで「Scaling Up of Renewable Energy Program」の名称で掲載されている[99]。

この計画自体は、Nasheed 政権のもとで行われた。その後、Nasheed 大統領に対するクーデタが成功し、政権が替わった。本件計画は Mark Lynas

---

96 Lenz, Ever heard of GuniiHoloi?, 2012年11月29日ブログ発言 k-lenz.de/m032 参照。
97 See their web site at dii-eumena.com for more details.
98 Nasheed, Carbon delay is a luxury the Maldives can't afford, 2011, k-lenz.de/a067.
99 Lenz, Islamic Republic of Maldives?, 2012年2月9日ブログ発言、k-lenz.de/1062 参照。

氏の援助で策定された。Lynas 氏は，クーデタの後でも Nasheed 元大統領を応援したため[100]，新政権との協力が困難と思われる。

政治的安定がなければ，エネルギー部門から石炭を追放するいくら優れた計画も，成功しない。

この点は，特に投資を必要とする計画について言える。もし，本件モルディブの計画に既に数億ドルの投資があった場合，投資家は，その投資に不安を抱くだろう。

北アフリカでも，最近，多くの政治的不安定が発生した。ここで詳しく紹介する余裕がないため，単に Wikipedia の「Arab Spring」記事を引用する[101]。

北アフリカと比較して，モンゴルは，比較的安定している民主主義の国である。革命と内戦の状態は，今のところ心配する必要がない。但し，モンゴルの政治家の一部は，外国からの融資に必要な安定・信頼について十分に分かっていない問題も残っている。特に 2013 年 1 月現在は，Oyu Tolgoi 計画の投資協定を侵害する政府の行動がある[102]。そのため，「モンゴル政府を信頼できる」根拠となる実績がなく，むしろ，その信頼がない状態を前提に，各種法的枠組みを設計する必要がある。

さらに，北アフリカ・中東と異なって，モンゴルならば 1 カ国のみ相手に検討が可能である。その分，より簡単に動くことが可能である。

モンゴルの政治家も，モンゴルの再生可能エネルギーの可能性について理解している。

エルベグドルジ[103]モンゴル大統領は，2009 年コペンハーゲン気候変動会議の際に，以下のように発言した：

"Mongolia can also hub the world's renewable energy production. With 300 sunny days a year Mongolia perfectly fits to be the pro-

---

100　Lynas 氏のブログ（www.marklynas.org）2012 年 2 月の発言を参照。
101　Wikipedia, Arab Spring, k-lenz.de/a073.
102　Lenz, Rio Tinto's Very Simple Leverage Against the Mongolian Government, 2012 年 12 月 4 日ブログ発言, k-lenz.de/m033.
103　Wikipedia, TsakhiagiinElbegdorj, k-lenz.de/a074.

ducer of clean energy. For Asia, and for the world."[104]

私の訳では「モンゴルは，世界の再生可能エネルギー生産の中心になりうる。モンゴルは，1年300日，晴れである。清楚なエネルギー生産に適している。アジアのため，世界のために。」

大統領のこの発言は，正しい。モンゴルは，優れたソーラー資源を持っている。年間300日の晴れも有利だが，世界一人口密度が低い国として，地球温暖化に効果が生じる規模のソーラー発電に必要な莫大な面積も用意できる。

地球温暖化の観点から，次の戦略的利点も重要である。モンゴルは，CO_2排出実績が世界一の中国に隣接している。北アフリカで仮に大規模な再生可能エネルギー企画が実施されても，中国での炭素削減には貢献できない。距離が遠いため，中国までの電線を整備するには時間がかかる。その反面，モンゴルは中国に近いため，比較的簡単に貢献できる。ゴビ砂漠での大規模発電企画が地球温暖化を緩和できるほどの規模まで成長したときに，そのエネルギーの多くの割合が中国で消費されることになる。

戦略的に考えると，2005年の世界人口の6割以上はアジアに住んでいたが，ヨーロッパでは11.2%しかなかった[105]。従って，Desertecの規模を拡大することの戦略的重要性は，アジアではヨーロッパの5倍もある。

私個人はドイツ出身で，東京で仕事をしている。そのため，ゴビ砂漠の企画は，最も自然に関心を持つことになる。後で詳しく述べるが，日本とEUは，地球温暖化問題を深刻に考え，その問題を交渉の中心的な課題にする経歴がある。ゴビ砂漠での大規模発電プロジェクトを促進させる政策は，日本・EUの協力により地球環境に大きな恩恵をもたらす可能性がある。少なくとも私個人は，それを願っている。

EUと日本の関係で考えた場合，モンゴルには以下の利点もある。日本も，EUも，モンゴルとの関係で従来から綿密な協力関係を有している。特

---

104 Lenz, Mongolia President Elbegdorj Copenhagen speech, 2011, k-lenz.de/a075.
105 Gropp and Knies, DESERTEC-Konzept, in: Deutsche Gesellschaft Club of Rome e.V., Der Desertec-Atlas, 2011, 16-17.

に日本から見て，中国との関係と比べて，その点が明白である。

このような国際協力を始める際には，少数の加盟国で出発することが得策と思われる。「砂漠共同体」は日本，EU，モンゴルのみで設立すべきである。

しかし，長期的に考えて，中国も何らかの形で参加させる必要がある。このことが成功すれば，東アジア地域での平和維持にも貢献できる。EU がドイツとフランスの戦争を 60 年間以上に回避できたと同様に，東アジアでの大規模エネルギー協力は，平和維持にも貢献できる。

9. 実現の可能性が大幅に増加した

ゴビ砂漠での太陽光発電について，2006 年以降に検討してきた。IEA の「Task 8 Energy from the Desert」の検討は[106]，それより以前から実施されている。さらに「Grenatec」となる計画があるが，中国とオーストラリアを国際送電線でつなぐことを提案している[107]。このサイトの提案者 Stewart Taggart 氏は，Desertec 設立にも関わった。

Desertec もサイトに「The focus region greater East Asia」のページを掲載している[108]。

アジアについて言えば，これらのすべての計画は，既にソーラーパネルが設置されている段階，または近いうちに設置する段階まで発展していない。

しかし，長い間に実現の可能性が相当低いと思ったが，以下の事情により，本件発想が既に単なる理論的な検討から，実現可能の領域まで達している。運がよければ，人類は最も低炭素エネルギーが必要な場所で（中国の隣で），強烈な発展を成し遂げる可能性がある。

それは以下の理由による。

第一に，Desertec 自体は順調に進んでいる。北アフリカで予定より早く

---

[106] See Komoto and others, Energy from the Desert, 2009, k-lenz.de/1061and the project page at k-lenz.de/1060.
[107] www.grenatech.com.
[108] k-lenz.de/1063.

最初の太陽熱発電所計画を実施している。産業界の支持，ドイツ政府・EU委員会の支持を持っている。Desertec が北アフリカで計画を成功させることは，確実に期待できる。確かに，最近は Siemens および Bosch と言うドイツを代表する民間企業が Desertec 計画から撤廃するという問題が発生した[109]。しかし，それは Desertec の問題ではなく，Siemens の問題である。これから計画が実施され，多くの企業の利益が期待される時点で Desertec を止める判断は，賢明でない。Desertec は，これらの企業が参加を止めても，なお 16 カ国から 57 の大企業からの応援を受けている。

Desertec は北アフリカで計画を実施できるので，モンゴルで，後で同様の計画を実施することは，その分，やりやすい。Desertec が北アフリカの困難な政治状況でも計画を実施できるので，モンゴルはその計画に負ける必要がない。

第二の理由は，福島原発事故である。私個人は，水素爆発を比較的近くから見た（東京から）。ドイツ大使館からメールを受信したことを覚えている。そのメールは「貴方の日本での滞在が本当に必要なのか，よく検討してください」のような警告だった。大使館が数週間の間に大阪に逃げたことも覚えている。私は，その行動には賛成ではなかった。また，自分で逃げることを一度も考えていなかった。

本事故について様々な意見がありうる。私は自分のブログで 800 件以上の発言をした。特に，事故後の対応に大いに問題があったと思っている。しかし，確実に言えることが 1 つある。本事故により，エネルギー問題についての関心が増加したことである。

また，原発は，地球温暖化問題を解決までの間の数十年間にまだ許されるか否かについても，意見が分かれている。しかし日本では従来と比べて原発増設の可能性が少なくなったことは確実である。その分，再生可能エネルギー計画へ，より多くの注目が高まり，資金や政治的関心が集まることになる。

---

109 Lenz, About that Siemens Retreat from Desertec, 2012 年 9 月 9 日ブログ発言 k-lenz.de/m034.

事故から数カ月後、日本は再生可能エネルギーに関する買取り制度を導入する法律を制定し、2012年7月から施行されている。私はこれをブログで部分的に英訳した[110]。

孫正義ソフトバンク社長はメガソーラー計画を実施することを決定し、「自然エネルギー財団」（Japan Renewable Energy Foundation）を設立した[111]。この財団の設立を記念するシンポジウムで彼は「アジアスーパーグリッド」（Asia Super Grid）を提案した。アジア諸国を送電線でつなぐ提案であるが、最終的にモンゴルまで届くとの考えである[112]。

孫社長に続く講演は、BoldbataarTserenpuntsagによるものだった。モンゴル最初の風力計画に関わっているNewcomというモンゴルを代表する会社の社長である。彼はモンゴルにおける再生可能エネルギー資源について説明した[113]。

福島事故が発生しなかった場合、この展開はなかったと思われる。数年前なら、日本・モンゴルの一流財界人が公の場で砂漠からのエネルギー創造について議論することは、夢にも想像できなかった。アジア版Desertecのための重大な追い風になる。

更に、最近数年ソーラーパネルの単価が大幅に下がった点も、このような計画に非常に有利な展開である。2009年1月現在、ドイツで小規模の設備単価はkW当たり4,110ユーロであったが、2012年11月まで1,570ユーロまで激減した。4年弱で6割以上の減額実績である[114]。

この価格低下の速度は極めて早い。そのため、2011年末にEU委員会が発表した「Energy roadmap 2050」は[115]、「Staff Working Paper」の67頁にその費用を4,023ユーロと推定し、2020年まで2,678ユーロまで下がると予測している。この推定は大きく外れているが、2009年1月現在まで適切

---

110 Lenz, Japanese feed-in tariff law translation, 2012, k-lenz.de/1064.
111 Jref.or.jp 参照。
112 Lenz, Masayoshi Son "super grid" proposal, 2011年9月15日ブログ発言、k-lenz.de/a081.
113 Lenz, BoldbaatarTserenpuntsag speech, 2011年9月15日ブログ発言、k-lenz.de/a082.
114 この調査による、photovoltaic-guide.de、k-lenz.de/1971.
115 Commission site, k-lenz.de/1972.

であった。2020年の予測は，今現在の小規模単価でもすでに抜かれている。

当然ながら，ソーラーの単価が急速に下がることは，砂漠でのソーラー計画に追い風になる。

本件企画が現実化する動きは，2012年10月に報告された。SoftbankとNewcomは，2014年まで最初の300MW風力発電所をゴビ砂漠で設置することを発表した[116,117] 6億2,600万ドル規模の計画であるが，その後，更に7,000MWの風力を開発する予定である。

今，ゴビ砂漠で最大の電力消費者は，オユ・トルゴイ（Oyu Tolgoi）鉱山だと思われるので，その鉱山に近いところに設置した方が有利と思われる。オユ・トルゴイ鉱山と中国をつなぐ送電線が既に整備されていることから考えても有利である。

ゴビ砂漠から大規模に再生可能エネルギーを採る計画は，北アフリカのDesertec計画と比べれば，大幅に遅れてはいるが夢物語ではなく，現実化が可能である。

第5節　モンゴルに関する基本情報

ゴビ砂漠で大規模な再生可能エネルギー計画を進めるためには，モンゴルに関する基本情報を確認することが有意義と思われる。

1. モンゴル政府の信頼性

2012年の選挙後に，モンゴル政府はオユ・トルゴイ鉱山の投資契約を「再交渉」するように求めた。さらに，当該投資契約を一方的に侵害する形で，鉱山経営者の税金負担を増加させる政策を実施している[118]。

---
[116] Lenz, Softbank to Invest First $626 Million in Gobi Desert Wind Power, 2012年10月24日ブログ発言, k-lenz.de/m035.
[117] Commission site, k-lenz.de/1972.
[118] Lenz, Rio Tinto's Very Simple Leverage Against the Mongolian Government, Lenz Blog 2012年12月4日発言, k-lenz.de/m033.

モンゴルは，大規模な国際投資計画についての実績が少ない。国際投資家が，「モンゴルを信頼できるか」と聞いても，その信頼の根拠を示すことが不可能である。

モンゴルの発展で戦略的に最も重要な計画についての契約を一方的に破る行動は，モンゴルへの信頼を弱める行為である。モンゴル政府のこのような政策は問題であり，ゴビ砂漠からのエネルギーについて検討する際に，大きな課題となる。

したがって，本件計画について検討する際，モンゴル政府を全面的には信頼できないという前提で，各種協定の法的構造を設計する必要がある。

2. モンゴルのGDPなど経済に関する基本情報

IMF（2011年）の推定によれば，モンゴルのGDPは122.37億ドルとされている。1人当たり4,384ドルの実績に相当する[119]。

この数字は「購買力平価ベース」(purchasing power parity base) であるが，換算しない場合のGDPは，88.59億ドル，1人当たり3,174ドルの推定である。

従って，モンゴルは貧しい発展途上国であり，World Bankなどの発展途上国向けの金利優遇融資の対象になる。

モンゴルの1人当たりGDPは今は低いが，急速に上昇している。オユ・トルゴイ鉱山が予定通りに生産を開始できる場合，さらなる成長が見込まれる。最近，イギリスのGuardian誌が編集したビデオ[120]によると，今後20年間，年20％の成長が推定されている。もしそのことが実現されるならば，2031年までモンゴルのGDPが38倍も増加する計算となり，モンゴルの一人当たりGDPは現在の世界最高記録を超える。

モンゴルの総人口は300万人未満である。領土が156万平方キロを超えている。極めて大きな国で，極めて人口が少ない。世界のエネルギー供給を担うための競争において，有利な側面である。

---

119 IMF, Report for Selected Countries and Subjects, 2011, k-lenz.de/1071.
120 Lenz, Guardian video on Mongolian mines, 2011年11月9日ブログ発言 k-lenz.de/a089.

第5節　モンゴルに関する基本情報　153

　McKay が彼の著書[121]で説明しているように，再生可能エネルギーは広大な土地を必要とする。同著の 338 頁[122]には，人口密度が低いから大規模再生可能エネルギー計画に向いている国を図で説明している。モンゴルは，その図で最高の立地国とされている。

　モンゴルの南から日本までの距離は，3,000 キロ程度である。現在の高電圧直流送電線を使えばこの距離を容易につなぐことができる。ドイツまでの距離は，その約 2 倍となる。

　モンゴルの南部から北京まで 1,000 キロ程度しかない。したがってゴビ砂漠で大規模の再生可能エネルギー・プロジェクトが完成すれば，最初は中国向けのエネルギーを供給することになり，日本はその後に，欧州は長期的にのみエネルギーの提供をモンゴルから受ける。

　モンゴルは S&P で短期債務について「B」，長期債務について「BB−」の評価を受けている[123]。S&P が説明している[124]ように，1981 年と 2008 年の間には，「B」評価の債務者が支払を停止した確率は 4.51％ であったが，「BB−」の評価の場合には，1.83％ の確率であった。

　Moody's の 2012 年 12 月のモンゴル評価[125]は「B1」である。これは「投資に適している」評価を大幅に下回り「ゴミ」(junk) レベルの評価である[126]。

3. モンゴルの国旗

　モンゴルの国旗は，真ん中が青色であり「青空」を表している[127]。青空（雨が少ない）は，大規模ソーラーエネルギーによって世界のエネルギーを提供するためには，競争上の利点である。

121　McKay, Sustainable Energy−without the hot air, www.withouthotair.com.
122　k-lenz.de/1072.
123　Bloomberg, S&P Raises Mongolia Outlook to Positive from Stable on Growth, 2011, k-lenz.de/1073.
124　Standard & Poor, Understanding Standard & Poor's Credit Rating Definitions, 2009, k-lenz.de/1095.
125　Moody's, Moody's assigns definitive B1 rating to bonds issued under Mongolia's Medium Term Note Program, k-lenz.de/m036.
126　Wikipedia, Bond credit rating, k-lenz.de/1145.
127　Wikipedia, Flag of Mongolia, k-lenz.de/1147.

国旗の左側には，太陽と月を含む国のシンボルが掲載されている。太陽と月は「永遠」の意味であるが，大規模なソーラー計画がモンゴルで実現される場合，別な意味が追加される可能性がある。

なお，太陽は日本の国旗でも掲載されているので，その点，両国が共通することになる。この共通点は，両国が今後の数百年でソーラーエネルギーの開発に力をいれる国という視点からも注目に値する。

4. Oyu Tolgoi 鉱山プロジェクトとその電力使用

オユ・トルゴイ（Oyu Tolgoi）鉱山は，モンゴル最大の鉱山開発エリアである。中国との国境に近い，南モンゴルに立地している大規模の銅・金の開発プロジェクトである。経営者の概略説明[128]を参照して，以下の事実を確認できる。

4,600万オンスの金がある。2013年1月現在，1オンスが1,650ドル以上の相場である[129]ので，金だけで700億ドル以上の資源となる。さらに810億ポンドの銅がある。2013年1月現在，1ポンド3.5ドル以上の相場[130]では，さらに2,800億ドルの銅になる。世界最大級の鉱山プロジェクトである。この鉱山だけで，モンゴルの現在のGDPの約30倍の金額になる。

長い交渉を経て，モンゴル政府と投資家の間の投資契約（Investment Agreement）が2009年に成立し，2010年に発効した。モンゴル政府のサイトで掲載されている[131]。

モンゴル政府のシェアは34％とされている。既に投資がほとんど終了して，2013年から生産開始の見込みとなっており。現場で1万人以上の従業員が働いている。

投資契約は，7.1条から7.5条までのところで，鉱山が必要とする電力について，以下のように定めている。

---

[128] Turquoise Hill Resources, Oyu Tolgoi (copper-gold), Mongolia, k-lenz.de/1066.
[129] www.kitco.com/charts/livegold.html.
[130] www.kitcometals.com/charts/copper_historical_large.html.
[131] Investment Agreement, k-lenz.de/1067.

モンゴル政府と投資家は，信義誠実に協力しあって，計画のために必要な電源を確保する。投資家は，すべての国内・国外電源を利用できる。そのために，中国までの送電線を整備することもできる。実際，すでに中国までの送電線を整備して，中国の電力業者との関係で電力購入契約を締結した。

投資家は，モンゴル国内で発電所を設置して，その燃料となる石炭を自由に選ぶ権利を有する。投資家は，生産開始から 4 年以内に，全電力を国内で賄う。また，最も注目すべき 7.5 条は，投資家に再生可能エネルギーの利用を認めている。投資家は，風力・ソーラー発電を開発する権利，またはその電力を使用する権利を有する。

オユ・トルゴイのために石炭発電所を設置する場合，600MW の容量になる。その半分程度は，鉱山のために使い，残りはモンゴルの系統に販売する。このような発電所を建築するために，さらに 10 億ドルの投資，700 名の従業員が必要となる[132]。

しかし，最近になって，アメリカの伝統ある自然保護 NGO「Sierra Club」がオユ・トルゴイでの石炭発電所プロジェクトに反対する運動を開始した[133]。実は，オユ・トルゴイ計画は，世界銀行（World Bank）から融資を受けることを申請しているが，世銀が地球温暖化問題を意識して，石炭発電所に基本的に消極的な姿勢を示している。この点に関する世銀内部の規則は，本件計画で満たされていない，と Sierra Club が主張して反対している。

ゴビ砂漠で大規模に再生可能エネルギーを開発するならば，最初は発電に近いところで消費することが有利である。その結果オユ・トルゴイがおそらく，ゴビ砂漠で最大の電力需要者となる。すこしでも多く，投資契約で認められているように，再生可能エネルギーから電力を賄ってほしい。また，環境汚染型の石炭発電を実施するならば，世銀からの融資は一切止めるべきである。

---

[132] Business Council Mongolia, OT power plant due for 2017, December 2011, k-lenz. de/1102.
[133] Lenz, Sierra Club Oyu Tolgoi Press Release, 2012 年 12 月 14 日ブログ発言, k-lenz. de/m037.

5. モンゴルの既存電力インフラと Chandgana 石炭発電所計画

モンゴルの今後の経済成長を支える目的で，カナダの「Prophecy Coal」社は，Chandgana で石炭発電所を建設する計画を進めている[134]。最初の段階で 600MW の容量を予定しているが，中期的に 4,000MW まで拡大する計画である。

2012 年 1 月の経済性判定（Feasibility Study）[135] によると，モンゴルの既存電力インフラは，古い石炭発電所の総計 700MW しかない。しかし，今後の経済成長を考えると，それでは足りない。また，長期的に考えて，中国が近いため，電力を中国にも輸出できる，と期待している。

その発電費用を総計 4.5 セント kWh 当たりと推定している。石炭を運ぶ必要がなく（鉱山で発電するため），自己の石炭資源を使えるためであるが，石炭電力として極めて安い単価である。風力・ソーラーには，値段のみでは未だ勝てない競争相手になる。しかし，特にソーラーの場合，急激に単価が下がり，10 年以内に Chandgana プロジェクト計画の単価に追いつくと思われる。もちろん，相手も石炭発電所であるから，計画の実施に最低でも数年間かかる。ソーラーの場合，数週間で設置が可能である。したがって，今のソーラーの単価よりは，数年先の単価が競争についての判断基準となる。さらに，石炭発電所を建設する場合，数十年間の運転期間を前提とするが，20 年もあれば，ソーラーはこの 4.5 セントの単価も余裕をもって抜くだろう。

第 6 節　ゴビ砂漠での Desertec 計画の目的と段階

1. 最終目的

Desertec 計画の最終目的は，「すべての化石燃料の使用を廃止できるほどの再生可能エネルギーを用意する」ことである。

134　Prophecy Coal, Chandgana (Coal Mongolia), 2012 年 12 月現在, k-lenz.de/m038.
135　Prophecy Coal, Prophecy Receives A Positive Feasibility Study for the Chandgana Mine-Mouth Power Plant Project in Central Mongolia (Diagrams Included), k-lenz.de/m039.

上に説明した通り，地球温暖化がそのまま進むならば，文明を壊滅するほどの複数災難が同時に進行することになる。金星症候群にまで発展した場合，地球が生命体に適しない惑星になる可能性も現実にある。大規模かつ急速な再生可能エネルギー資源の利用が絶対不可欠な状況にある。

仮に，環境破壊の科学的証拠を無視して地球温暖化問題を軽視する立場からでも，世代間の正義のために，化石燃料の使用を大幅に制限しなければならない。今の人類が1年で燃やす化石燃料が再度にできるためには，530万年もかかる[136]。2012年分の化石燃料ができる530万年まで遡ると，人とチンパンジーの子孫が分かれた時期である[137]。ローマ時代からの2,000年の歴史の間には，20分程度の燃料しか新たにできていない。

すなわち，化石燃料は極めて貴重な宝であり，これを無責任に今の速度で使うことは，子孫の世代に対する他に例がないほどの浪費行為である。

再生可能エネルギーは既に大幅に単価を下げた。これからも下げることになる。長期的にみて，すべてのエネルギーを再生可能資源から賄うことになることは確実である。ただし問題が1つある。

それまで，どの程度の化石燃料を燃やし，どの程度のCO2を排出し，どの程度の地球温暖化を発生させるのか，という問題である。今なら金星症候群を回避できると思われる。

しかし，そのために思い切った政策が必要となる。先進国では家々の屋根にソーラーを設置することも当然必要である。しかし，同時進行で世界の砂漠で大規模な再生可能エネルギーの発電も進めねばならない。原発にもはや期待できないし，期待すべきではない[138]。

2. 必要な投資の水準

2012年の世界全体に再生可能エネルギーに流れた投資総額は2,687億ドルで，2011年と比べて11%減少した。その内，ソーラー発電は1,425億ドル

---

136 Schellnhuber, SPIEGEL誌インタビュ（2011年3月23日），k-lenz.de/m040.
137 Wikipedia, Human, k-lenz.de/m041 参照。
138 Lenz, Nuclear Hopeless as Climate Change Solution, 2012年9月9日ブログ発言参照，k-lenz.de/m042.

であった[139]。

　この数字は悪くない。しかし，世界の GDP と比較しては，未だ大幅に少なすぎる。IMF の推定によると，2011 年の世界の GDP が 62.9 兆ドルとされている[140]。単純計算で，上記の数字は世界 GDP の 0.42％程度に相当する。

　モルディブの元大統領 Nasheed 氏は，世界 GDP の 2％を再生可能エネルギーに投資することを提案したが[141]，支持すべき提案である。そのことが実現されると，現在の 5 倍の投資になる。この規模の投資に反対する者は，地球温暖化の費用を配慮しなければならない。これより大幅に高い費用と推定されている。

　東京が 70 メートルの海面上昇によって沈没した場合の費用は，いくらか。日本の GDP 2％を超えると思われるが。2011 年すでに異常気象現象により 3,000 億ドルの被害が生じたが[142]，未だ地球温暖化の初期の段階である。

　2006 年の Stern review[143] は，地球温暖化から予測される被害を，最低限に世界 GDP の 5％と推定したが，最大 20％の推定であった。最高推定の 10 分の 1 程度を被害軽減に投資することは，合理的な判断だと思われる。

　私の考えでは，毎年再生可能エネルギーに投資すべき額は，少なくとも世界 GDP の 2％でなければならない。すなわち，2012 年の実績 2,687 億ドルよりは，1.25 兆ドルが必要となる。Stern も 2008 年にこのような数字を提案した[144]。

　2012 年の実績（2,687 億ドル）は，世界人口 1 人当たりでは，年間 38 ドル程度しかならない。1.25 兆ドルは，1 人当たり年間 178 ドルの計算とな

139　Bloomberg, Clean Energy Investment Fell 11% as Governments Cut Subsidies, 2013 年 1 月 14 日, k-lenz.de/m071.
140　IMF, Report for Selected Country Groups and Subjects, 2011, k-lenz.de/1076.
141　Nasheed, Carbon delay is a luxury the Maldives can't afford, 2011 年 10 月 27 日, k-lenz.de/a067.
142　Munich Re, Worldwide Natural Disasters 1980 to 2011, k-lenz.de/1038.
143　Wikipedia, Stern review, en.wikipedia.org/wiki/Stern_report.
144　Jowitt and Winter, Cost of tackling global climate change has doubled, warns Stern, Guardian 26 June 2008, k-lenz.de/1080.

る。地球温暖化から予測される壊滅的な被害を配慮すると，より適切な額となる。

ゴビ砂漠でのDesertec計画も，数十年間の総計でみて，兆ドル規模でなければならない。

IEAの推定によると，2010年と2050年の間にエネルギー関連に投資される総額が270兆ドルである。その大半（240兆，90％近く）は，エネルギー使用者が投資する金額である。例えば，エネルギーを使用する自動車，電機製品および工場などである。低炭素エネルギーのインフラへの投資は，46兆ドルとして推定されている。この投資により，112兆ドルの燃料費を節約できる，とも推定している[145]。

電力部門に限定すると，通常のビジネスのシナリオ（business as usual）では23.5兆ドルとなる。化石燃料の使用を廃止するならば，32.8兆ドルの投資が必要となる。これらの数字の規模を認識すると，年間1.25兆ドルを投資して，地球上の全生物の全滅を回避する選択は，なお合理的にみえる。

Desertecの北アフリカ・中東計画には，6,660億ユーロを投資する必要がある，と最近になって推定された[146]。その投資で，年間707TWhの電力を欧州に調達し，kWh単価が8セント（ユーロ）と推定されている。この程度の電力は，欧州の消費の15％程度に相当する。実現される場合，計画の38年間で割れば，年間175億ユーロ程度になる。EU人口1人当たりでは，年間40ユーロ未満となる。

私の考えでは，少なくともこの規模の10倍は必要である。砂漠の資源の1％も使用しないことになる。最低限でも7兆ドルを北アフリカ・中東計画に投資すべきである。年間700TWh程度では，地球温暖化への効果が余りにも少なすぎる。

---

145 International Energy Agency, Energy Technology Perspectives 2010, pages 48 and 53, k-lenz.de/1106.
146 Trieb, Schillings, Pregger, and O'Sullivan, Solar electricity imports from the Middle East and North Africa to Europe, Energy Policy March 2011, k-lenz.de/1078.

3. Desertec の戦略と段階

2011年11月には，Wieland氏はDesertec industrial initiativeで戦略担当の部長として勤めた。彼女は2012年に昇任し，van Son氏と共同にDesertec Industrial initiativeの社長となった。その後も，戦略を担当とする予定である[147]。

Wieland氏とのインタビューで，Desertecの戦略を説明している。投資計画（rollout plan）について，以下のような説明をしている。

「基本的には，我々はEU・北アフリカ・中東のエネルギーインフラを分析して，2050年までにはどのような形になるのか，について検討している。既存のすべての発電技術，およびその設置の費用を分析している。さらに，北アフリカ・中東およびEUの間の電力貿易の可能性，国際送電線の容量などを分析している。さらに，需要の発展・燃料資源の程度・様々な国家の政治的思考となる外部要因を検討している。

その後，2050年までの具体的な段階を定義している。それらの段階について，関係者に具体的な政策を提案する。

「モデル計画期間」は，2020年までである。計画の規模が未だ少ないが，優れた模範計画により，政治的な支持・公的資金へのアクセスを得る。

その次の段階は「規模拡大期間」であり，2030年までとなる。より大規模の開発と国際資金提供者へのより重い負担になる。

最終期間は2030年以降であるが，その時まで，市場は，援助金を必要としない。技術は充分熟して，競争力を有することになる。

これらのすべての段階について，具体的で実効可能な助言を提供する予定である。」

2020年までの期間を「モデル計画期間」とすることは，優れた考えだと思う。その間に，砂漠の莫大な資源をどのように使用できるかについて，理解するようになる。現在，北アフリカ・中東の計画がゴビ砂漠と比べて大幅に進んでいるので，仮にモンゴルの計画が余り進まない場合でも，北アフリ

---

147 Desertec industrial initiative, February 2, 2011 press release, k-lenz.de/1079.

カ・中東のモデル計画を見て，どのように進めるのか，どのように投資を確保しているのか，検討することができる。

その反面，「2030 年から市場は補助金を必要としない」とする予測には疑問を感じる。

第一，太陽光発電が最も安価な選択肢になる，と予測している。2030 年まではかからない。

Van der Leun の 2011 年記事は，太陽光発電の学習実績 (learning curve) [148] について説明した。また，将来の単価についても予測した [149]。製造が充分大きな規模になると，どの製品も，原材料に多少の利益を加えた金額で製造できる。学習実績は，単価が製造総量の増加に比例して下がる現象である。

太陽光の学習実績では，製造総量の倍増ごとに，単価が 22% 下がった。後 3 回の倍増で，優れた立地条件で費用が 4.7 セント kWh の単価まで下がる。この数字は，上記の Chandgana 石炭発電も抜くことになる。その目的を達成するために，世界全体で 320GW の太陽光容量が必要である。

2012 年 5 月現在，世界の太陽光発電製造能力は，年間 50GW と報告されている [150]。また，世界全体の 2011 年末の設置実績は，既に 70GW 近くまで伸びていた [151]。従って，平均 50GW のペースでは，5 年間で 320GW 達成が可能である。

砂漠が太陽光計画に魅力的であるのは，多くのソーラー資源があるからである。すなわち，kWh 単価でどこにも負けない砂漠の立地地域が多くある。したがって，太陽光発電が 10 年以内に最安価になる推定は，砂漠計画には確実に妥当する。

そのため，上記 Desertec industrial initiative の推定（2030 年までの競

---

148 Wikipedia, Experience curve effects, k-lenz.de/m072 参照.
149 Van der Leun, Solar PV rapidly becoming the cheapest option to generate electricity, 2011, k-lenz.de/1081.
150 European Solar Industry Association, Global Market Outlook for Photovoltaics Until 2016, 43, k-lenz.de/m043.
151 Global Market Outlook, 前掲, 14.

争力）は，かなり控えめすぎる。

また，仮に正しい推定であっても，最安価になることそれ自体は不可避である。どの年度でその不可避な現象が実現することを予測する意味が少ない。すこしでも早く，その目的を達成することが重要である。

そのため，ゴビ砂漠のDesertec計画について，予測よりは，簡単に確認できる具体的な目標で説明してみたい。

4. 3つの段階

本件計画の目標を大きく短期間（10年以内）で達成できるものと，より時間がかかるものに分けることができる。

Gatesは，Smilのエネルギー関連書籍を推薦している[152]。特に「Energy: Myths and Realities」[153] についてである。その第8章では，Smilはエネルギー転換に必要な期間について検討している。歴史的に，新しいエネルギー源への転換に数10年間がかかった事実を指摘した。石炭の使用，石油の使用，数年間で普及したわけではない。私もそう思う[154]。エネルギー転換には，時間が必要である。

さらに，新しい発電所を計画する場合，検討に必要な時間的枠組みは数十年間である。今日，建築を開始する石炭発電所は，今日の市場だけではなく，20年先の市場でも経済性が求められる。

従って，ここでの区切りも，10年間を最小単位とする。

また，第1日から努力対象にできる目標もある。これらについては，順次に結果を改善することになる。例えば，発電容量である。最も基本的な目標であるが，計画のどの段階でも，現状を把握できる。

ここでの概略的説明のため，上記のDesertec戦略同様，3つの段階のみ区別する。すべての段階について，個別的な目標について述べる。

---

[152] Gates, Energy Myths and Realities (Book Review), 2010, k-lenz.de/1109.
[153] Smil, Energy: Myths and Realities, Bringing Science to the Energy Policy Debate, 2010.
[154] Lenz, Transition times, 2011年5月8日ブログ発言, k-lenz.de/1110.

これらの目標を達成するために，多くの要因が必要となる。その一部は，モンゴルでの再生可能エネルギー計画とは直接関係ない。

そのための明白な事例の1つはソーラーパネルの単価である。この単価は，ドイツの買取制度によって大量生産が可能となった結果，極めて早く減少した。すでに紹介した通り，2009年1月現在，ドイツで小規模の設備単価はkW当たり4,110ユーロであったが，2012年11月まで1,570ユーロまで激減した。4年弱で6割以上の減額実績である[155]。これにより，数年前と比較してゴビ砂漠での数10年間にわたる大規模な再生可能エネルギー計画が成功する見込みが大幅に増えた。

地球温暖化に影響するほどの計画を実施するためには，極めて大きな共同努力が必要となる。当然ながら，モンゴル政府の協力が必要となる。しかし，私の考えでは，さらに日本政府・EU委員会・EU加盟国政府の協力も必要である。後にその可能性についての発想を検討する。

5. 第一段階：最初の10年間

ここでは最初の10年以内に実現できる戦略的に重要な目標を検討する。これからの検討は，常に将来に向けての予測である。SmilがEnergy: Myths and Realities」の書籍で紹介している通り，過去のこの種の予測は大幅に間違っていた例が多い[156]。

もちろん，本章で書いているすべての主張に間違いがある可能性を否定できない。このことは，将来に向けての検討について特にそうである。しかし，だからと言って，努力を止めるわけにもいかない。

(a) Oyu Tolgoi 鉱山に必要な電力を供給する

第一段階の最優先目標は，Oyu Tolgoi鉱山での石炭発電所を完全に停止させるか（最大の成功），それとも最低限にソーラー・風力の容量を整備して，太陽・風力資源を利用できる時間帯だけでも石炭の燃焼を避けること

155　この調査による，photovoltaic-guide.de, k-lenz.de/1971.
156　Smil, Energy: Myths and Realities, Bringing Science to the Energy Policy Debate, 2010.

（最低限の目標）である。

　既に上記で詳細に検討した通り，Oyu Tolgoi 投資契約は，投資家に計画のための再生可能エネルギー容量を開発する権利を与えている。その権利を行使することは，第一段階で必要である。特に World Bank の資金を受ける場合には，そうである。

　Oyu Tolgoi 投資家の Meredith 氏の 2011 年発言[157]によると，鉱山のために最低限に 325MW の石炭発電所が必要であるが，600MW の容量を計画して，残りをモンゴルの電力系統に売る予定である。

　325MW の石炭発電所に相当するソーラー・風力容量を整備することは，当然な第一目標にすべきである。

　第一，Oyu Tolgoi はゴビ砂漠での最大電力需要者となる。しかし，象徴的な理由もある。

　Oyu Tolgoi はモンゴルの発展にして戦略的に最も重要な計画である。ゴビ砂漠からのエネルギー計画をそこで開始することは，モンゴルの発展に戦略的に重要であることを理解させるために有意義である。また，最初からモンゴルは地下資源に頼る経済から脱出して，再生可能エネルギー関連の産業を開発する方針を明白にする。さらに，本来予定された石炭発電所を再生可能エネルギーで代替することは，特に地球温暖化対策にとって，最大の勝利となる。

　この目標の魅力は，簡単に・早急に達成できる点にある。ソーラー発電なら，数カ月単位で容量を設置できる。そのため，最優先目標に向いている。最終的に，アジアの歴史上最大のインフラ計画（万里の長城を超える規模）となるが，実際に現場で何かの目標を達成するまでは，無意味である。

(b) モンゴルの電力需要を賄う

　この目標も比較的簡単に達成できると思われる。特に，一時的に既存および計画中の石炭発電所にも供給を許可する場合には，そうである。

　モンゴルの 2009 年度発電量は，4.180TWh しかない[158]。ドイツの 2012

157　McDonald, Ivanhoe to build Oyu Tolgoi power plant by 2017, 2011, k-lenz.de/1083.
158　IEA, Electricity/Heat in Mongolia 2009, k-lenz.de/m044.

年度再生可能エネルギー発電総量は，136TWh と推定されているが，内 28.5TWh がソーラーからの発電である[159]。ドイツのソーラーだけでモンゴルの全需要の 7 倍程度を賄うことができるが，そのドイツのソーラーのほとんどは，最近 5 年間で設置された。

10 年以内に，モンゴルの 2009 年以来の需用成長も配慮して，7TWh 程度をゴビ砂漠の莫大な資源から発電する目標は，極めて控え目に見える。

(c) **Ulan Bator の暖房に必要なだけのエネルギーを供給する**

この目標の達成はより難しいが，戦略的に重要である。

現在，モンゴル首都の Ulan Bator は，極めて空気が汚染されて，多くの死亡者が発生している問題を抱えている。死亡者の 10 人に 1 人が空気汚染が原因で死んでいるとの指摘もある[160]。その空気汚染の原因の 1 つは，効率の悪い石炭暖房である。

ゴビ砂漠で発電する一部の電力をメタンガスのエネルギー保存媒体にして，暖房をガスに変える政策がありうる。上に説明したように，長距離送電線が整備されていない間には，何らかの形のエネルギー保存媒体の輸出が必要である。

この目標はなぜ戦略的に重要か。大規模の計画を実施するに当たって，モンゴル国民の理解・支持が不可欠である。特に，モンゴル国内では中国に敵対している感情も多い。「中国のために」ではなく，「モンゴルのため」「地球温暖化の危機を救う世界のため」の計画でなければ，反対が多くなる。

また，単純に，現状では多数の死亡者が出る Ulan Bator 空気汚染は，モンゴルの発展に最優先課題の 1 つである。エネルギー問題を原因とする汚染であるので，大規模のエネルギー企画を論じる以上，最優先の課題の 1 つとして検討が急務である。

---

[159] Lenz, BDEW Estimates on German Electricity Generation in 2012, 2012 年 12 月 19 日 ブログ発言，k-lenz.de/m045.
[160] Eponline.com, One in Ten Deaths in Mongolian Capital Caused by Air Pollution, 2011, k-lenz.de/a005.

(d) 賭博およびソーラーパネル観光

現在，モンゴルのゴビ砂漠には賭博場がない。しかし，中国との国境に立地している Zamyn-Uud という小さな町でカジノを設置する計画もある[161]。

この町は，鉄道駅もあり，北京からはマカオより大幅に近いところにある。現在，中国の賭博客はマカオを利用している。石炭・銅と同様に，モンゴルのカジノができれば，中国に近いだけに売り上げの見込みがある。マカオは，中国の賭博客から多額の売上を得ているが，モンゴルもその市場の一部を確保できる可能性がある。

ゴビ砂漠の真ん中でカジノを計画する場合，当然ながらエネルギーが必要となる。すなわち，Oyu Tolgoi と並んで，更なる電力需要が生じる。カジノは，電力の代金を支払う能力も備えることが予測される。

早い段階のさらなるアイディアは，「ソーラーパネル観光」である。

モンゴル政府は，現在年間 46 万人である観光客の数を 2015 年までに 100 万人まで伸ばす目標を持っている[162]。

先に検討したカジノ設置ができれば，観光客の増加にもなる。多くの中国人賭博客を集める可能性がある。

別なアイディアは，世界規模の砂漠エネルギー計画を開発する際，観光客の協力も求めることにある。観光客が旅行代金の一部をソーラーパネルにして，自分で現場に行って，自分の名前がついているパネルと一緒に記念写真を撮影する。

Kiva.org の基本的な発想と同様に，観光客がソーラーパネルに投資した額を，売電収益で長期的に返済する。すなわち，寄付ではなく，無利息貸し付けの形を採る。また，希望者については，株式などの形で，通常の投資も受ける。一株がソーラーパネル 1 つの形式を採り，売電収入・ソーラーパネルの所有を投資家に帰属させる選択肢も用意すべきである。

---

[161] Infomongolia, A request to establish a casino in Zamyn-Uud, 2011 年 12 月 28 日記事, k-lenz.de/1084.

[162] Business Mongolia, Chinese top visitor numbers in Mongolia in 2011, 2012 年 1 月 4 日記事, k-lenz.de/1085.

(e) 砂漠でのエネルギー消費

すでに述べたとおり，大規模の電線が整備されていない間には，エネルギーを消費者まで運ぶ方法の1つは，エネルギーそれ自体を運ぶより，多くのエネルギーを含む原材料を運ぶ方法である。

例えば，酸化カルシウムまたはシリコンを砂漠で製造し，出来上がった物質を運ぶ，との発想である。すでに上に詳しく説明した。また，温室農業もできる。さらに，風のない夜に備えての水素によるエネルギー保存も，実験的に行うべきである。

これらの可能性の実験的使用は，最初の10年間で開始すべきであるが，本格的に開始するのは，後の段階で構わない。

(f) 中国への輸出の開始

この目標はすぐには達成できないが，10年程度で目指すべきである。

モンゴルでの砂漠計画に大きな投資を行う戦略理由は，モンゴルが世界最大のCO_2排出の中国の隣に立地している点にある。

中国は，5,000TWh規模の電力市場であるが，その大半は，石炭発電である。そのため，ゴビ砂漠から数千TWh規模の再生可能エネルギーを確保できるようになれば，多くの石炭発電を代替できる。

この目標を達成するためには，3つの条件がある。

第一に，送電線が必要である。この問題は，最も簡単に解決できる。中国はモンゴルから近い。また，Oyu Tolgoi鉱山のために既に小規模の電線が整備された。

第二に，政治的な問題もある。モンゴルで，中国に対する好感が余りない。そのため，中国側との必要な契約などを締結することが困難となる可能性がある。

しかし，モンゴルは現状でも，地下資源の大半を中国に売っている。石炭の代わりに電力を輸出することも，できるはずである。

第三に，最も重要な問題は値段である。

もちろん，長期的に見て，石炭は砂漠からの再生可能エネルギーと競争できない。しかし，石炭の単価に勝つまでの間には，何らかの形で差額分のた

めの予算を確保できなければ，中国向け電力市場は実現できない。

とはいえ，10年程度で，ソーラー発電がさらに大幅に単価を下げることになるため，十分可能性がある。

6. 第二段階：次の20年間

エネルギーを議論する際には，30年間程度の視点が適切である。

この長期的な期間で確実にいえることは，唯一に以下のことである。多くのことが変わる。新しい技術が開発される。ソーラー発電の単価は，他のすべての発電方法を大幅に下回ることになる。化石燃料の生産が困難となり，地球温暖化も進むなか，ますます利用できなくなる。

多くの変化が確実に生じるため，余り正確な予言は意味がない。そのため，以下のところで「2037年の世界エネルギー使用の27.73％はゴビ砂漠から賄うことになる」のような予言をやめて，極めて概略的な目標を述べることに止まる。地球温暖化に影響がある規模をいつ達成できるかについて，予測が不可能である。

ただ，急ぐ必要がある。

(a) 化学物質によるエネルギー保存経由の世界的エネルギー輸出

次の段階で，世界的なエネルギー輸出を目指す。世界規模の電力系統が整備されていない間には，酸化カルシウム・シリコンのような化学物質を利用するしかない（上記の説明を参照）。

酸化カルシウムの輸出は，消費側の新たなインフラを必要とする。シリコンは，未だ開発・研究を必要とする理論的な発想だけである。逆に，メタンガス・その他の人工燃料を砂漠で製造する発想は，既存のインフラを利用できる。

現在モンゴルは，石炭を輸出している。計画の第二段階では，その石炭はできる限り，地下に残すべきである。

目標は，エネルギーを輸出して，炭素を輸出しないことにある。

(b) 日本への送電線

福島原発事故の結果，2010年夏の「エネルギー基本計画」[163] は，もはや

---

163 METI, エネルギー基本計画，2010年，k-lenz.de/m046.

実現できない。その計画は，原発と再生可能エネルギーのシェアを合わせて2030年までに70%まで増加させる目標を定めた。そのために，2020年までに最低限9基，2030年までに最低14基の新しい原発の建築を予定していた。

2012年12月の選挙で圧勝した自民党の長期的な原発に関する政策は未定なところがあるが，選挙に向けての約束[164]を見る限り，原発をこれから大幅に増やす政策が採択されそうもない。本件約束文書で，自民党が以前の原発支持について国民にお詫びしたこと，民主党と同様に，「原発に依存しない」ことを目標にしていることからみて，他の党よりは原発をなお支持している自民党も，2010年夏のような政策を維持する可能性が少ない。

日本での原発使用が大幅に後退した分，2030年までの「70%低炭素」目標の達成が，難しくなった。不可能ではないが，なおさら努力を必要とすることになる。

その点を配慮して，中間的目標の1つは，モンゴルの砂漠と日本を送電線でつなぐことになる。日本での低炭素エネルギー確保のために必要である。

まさにこのことは，孫正義 Softbank 社長が2011年秋に提案した「Asia Super Grid」の発想である[165]。

その提案には3つの段階がある。第一段階では，日本全国を高圧直流送電線でつなぐ。従来は，地域独占制度の結果で，長距離の電線容量がほとんどないが，その点を改善することは第一段階である。

第二段階では，ロシア・韓国・中国までの送電線を整備する。第三段階では，この系統がアジア全体に及ぶ。これは「Asia Super Grid」である。

本件発表の47番スライドでは，「Asia Super Grid」がモンゴルのゴビ砂漠まで及ぶ点が特に注目に値する。ゴビ砂漠で大規模の再生可能エネルギー計画を実施する場合，極めて重要な要素である。

孫社長の提案の理由は，以下の3つである。第一は，再生可能エネルギーによる電源の安定に貢献する点である。アジアのどこかで風力・ソーラー発電できるはずである。資源を共有できることにより，電力系統の安定が増加する。

---

164 自民党,「日本を取り戻す」, 2012年12月, k-lenz.de/m047.
165 孫正義, エネルギーのパラダイム・シフト, ビデオ収録, 2011, k-lenz.de/1114.

国際エネルギー市場になると，電力の平均単価が下がる，との主張が，第二の理由である。確かに，その通りである。EUの国際電力市場の試みからの経験では，このことが明白である。

「Asia Super Grid」は，平和を維持することにも貢献できる，との主張が，第三の理由である。

この点について，特に強く支持している。EUも，最初は石炭資源を共通管理下に置くことにより，ドイツとフランスの戦争を物理的に不可能とする極めて限られた提案から出発したこと[166]も，その関係で認識すべきである。

その最初の提案以降の60年間を超える歴史を振り返ると，EUには問題がないわけではないが，フランスとドイツの間の戦争が起きなかった。従って，この最初の目標は達成された。EUがその実績を評価されて，2012年の平和ノーベル賞を受賞した[167]。

同様に，エネルギーを共有することから出発することも，アジアでの平和維持となる極めて重要な課題に貢献することになる。

この発想は，実は新しいものではない。Fullerは，このようなことを数十年前に提案したが，今は「Global Energy Network Institute」となるNGOで主張されている[168]。しかし，単にアイディアを発表することと，実際に成し遂げることは，同じことではない。

7. 第三段階：次の70年間

30年先より将来について，何ら正確な予測はできない。

しかし，大規模の砂漠計画の最終的目的について，説明する必要もある。ここでは大きな夢を語り，費用・時間的枠組みなど詳細なところを無視する。この第三段階について自分の目で見る前に，著者は死ぬはずであるので，予測が間違っても，直接責任を問われることがないだろう。

---

166 Wikipedia, Schuman Declaration, k-lenz.de/m048.
167 Wikipedia, List of Nobel Peace Prize Laureates, k-lenz.de/m002 参照。
168 Global Energy Network Institute, geni.org.

(a) 政界規模の電力系統

　最終的目標の1つは，電力系統を最低限にヨーロッパまで拡大するところにある。それまでに北アフリカ・中東の砂漠計画までの電線も整備されるはずであるので，北アフリカ・中東の砂漠計画とゴビの砂漠計画が連結することになる。

　この系統が整備されると，連結している砂漠のすべてで夜になったためにソーラー発電ができない時間帯が激減することになる。ドイツとモンゴルの間には，7時間の時差がある[169]。

　この点は，EUのエネルギー安定の長期利益にもなる。日本は，モンゴルから3,000キロしか離れていないので，ドイツの6,500キロより大幅に近い。しかし，6,500キロの距離をつなぐ技術は，現在でも整備されている。そのため，日本までの接続は最初の30年間でできると予測しているが，EUまでは，より時間がかかる。

　数十年間の間には，オーストラリア人も眼覚めて，極めて優れた砂漠資源を開発することを期待している。50年先，今のような石炭輸出を止めて，電力および酸化カルシウムを輸出すべきである。世界規模系統は，オーストラリアまで及ぶ必要も，絶対にある。日本からの距離は，6,500キロ程度で，モンゴルとEUとの距離と似たようなものである。

　莫大なエネルギーを供給するDesertecのスローガンは「Within 6 hours deserts receive more energy from the sun than humankind consumes within a year.」（6時間以内，砂漠は太陽から人類が1年間で消費するより多くのエネルギーを受けている）である。

　6時間は，1年間の0.068％程度に相当する。すなわち，資源の僅かの一部だけでも利用できるようになれば，莫大なエネルギーを確保できることになる。従って，最終的目標は，無現のエネルギー確保である。

　パソコンの計算力と同様に，記憶媒体の単価が大幅に下がり，計算力・記憶媒体は誰でも豊富に使用できる社会になった。砂漠の資源の1％でも開発

169　timeanddate.com, Current Local Time in Ulaan Baatar, k-lenz.de/m073.

できるだけで，エネルギーでも同様なことになる。

基本的に無現なエネルギーを確保できた場合に，CO_2 を逆に吸収することも急務となる。このことに必要な技術は現在でも既に開発されているが，エネルギーを必要とする[170]。石炭発電所で得たエネルギーを使って CO_2 を吸収することは，意味がない。差し引き CO_2 が増えることになる。

しかし，再生可能エネルギーを砂漠資源1％の莫大な量で確保できると，CO_2 吸収も可能となる[171]。長期的にみて，現在の世代の子孫は，地球の温度を自宅の温度と同様に理想的な数値に設定できることになる。

第7節 「砂漠共同体」（Desert Energy Community）の提案

1. 日本と EU の FTA 交渉

日本と EU の関係は，長期にわたって友好的である。両者は，人権・法の支配のような基本価値を共有する。日本も，EU も，地球温暖化の脅威を理解し，国際的にその驚異に有効な対策の必要性を主張するに当たって，最も努力している。

定期的に首脳会談を開き，日本の総理大臣が EU 委員会委員長・欧州理事会長と話し合う仕組みがある。

2011年5月の首脳会談は，福島原発事故の直後で，その事故の影響を受けた。その結果，さらなる交渉について，両者が以下のような「共同プレス声明」を発表した[172]。

「EU・日関係の強化に向けた次のステップ：

---

[170] Irfan, Scrubbing Carbon Dioxide from Air May Prove Too Costly, Scientific American, 2011, k-lenz.de/1116.
[171] Gunther, Suck It Up—How capturing carbon from the air can help solving the climate crisis, 2012, k-lenz.de/1156.
[172] 第20回日・EU 定期首脳協議，ブリュッセル，2011年5月28日，共同プレス声明，k-lenz.de/m049（外務省ウェブサイト）．

2010年4月28日に東京で行われた前回の定期首脳協議は，合同ハイレベル・グループに，EU・日関係のあらゆる側面を包括的に強化し，それを実行に移す枠組みを定めるための選択肢を示すことを委ねた。

この作業を踏まえ，EU・日首脳は，
- 関税，非関税措置，サービス，投資，知的財産権，競争および公共調達を含む双方の全ての共有された関心事項を取り扱う，深くかつ包括的な自由貿易協定（FTA）／経済連携協定（EPA），及び
- 政治，グローバル，その他の分野別協力を包括的に対象とし，また，基本的な価値及び原則への双方の共有されたコミットメントに裏打ちされた拘束力を有する協定についての並行した交渉のためのプロセスを開始することに合意した。

EU・日首脳は，このため，双方が，両方の交渉の範囲及び野心のレベルを定めるために議論を開始することを決定した。かかるスコーピングは，可能な限り早期に実施される。これに並行して，欧州委員会は，成功裏のスコーピングに基づき，これらの協定の交渉のために必要な権限を求める。」

その後，2012年11月末に，閣僚理事会はEU委員会に日本との交渉のための権限を与えた。EUの在日代表部は，2012年11月29日に，以下のように発表した：

「本日の欧州連合（EU）外務（貿易）理事会を受け，欧州委員会のカレル・ドゥグヒュト通商担当委員は以下のとおり発言した。

『私は，理事会が本日，欧州委員会に日本との通商交渉を開始することを了承する決定を行ったとの報を受け，喜ばしく思う。これにより，すべての加盟国によって確認された，欧州の目的を明示した交渉権限を得たことになる。

いくつかの例を挙げよう。
- 交渉権限は，我々の関税と日本の非関税障壁それぞれの撤廃が並行して進められることを厳格かつ明確に示している。いうならば，等価の撤廃が求められる
- 欧州側の影響を受けやすい産業分野を守るためのセーフガード条項が

ある
- もし日本側が非関税障壁の撤廃に関する約束を守らない場合，1年後に交渉を打ち切る権利を明確にしている。

さらに，ここ数カ月において，日本側がどれだけ市場開放について真剣かを試してみた。それにより，欧州の企業に対し酒類の販売許可が下りるなど，いくつかの主要な非関税障壁の前倒し撤廃を含む，良い結果が得られた。

このような動きは，正式な交渉開始前の段階において，我々が常識的に期待できる最大の確約と考える。また，今までに交渉のテーブルにつく前にこれほどまでに誠意を示したパートナーはいない。

ゆえに，不安を抱くべきでない。欧州は愚かではないし，すべてにおいて注意を払いながらこの交渉に挑むのである。

ゆえに，欧州に成長と雇用を生み出したいのであれば重要かつ必要な政治決定である。日本と野心的な自由貿易協定を成功裏に締結した場合，欧州連合（EU）の国内総生産（GDP）を 0.8％伸ばし，40万人以上もの雇用を創出するとの推計がある。これは正に，今我々の経済が必要としているものであり，これを，日本の市場を開放し，欧州企業に同国において真の機会を与えることを確実にすることによってこの成果をもたらす決意である』」

従って，現在は日本と EU が包括的に FTA 等について交渉する時期である。当該交渉は，単に関税をゼロにするだけではなく，幅広い分野の協力を対象とする。日本と EU が地球温暖化に関する危機感を共有するので，当然ながら，当該交渉は地球温暖化対策にも及ぶことになる。

その際，本章の「砂漠共同体」提案についても，検討する絶好の機会になる。

2. 戦略的な検討

2007年から2011年まで，日本は EU との関係で大きな貿易黒字を記録した[173]。但し，最近はその黒字の幅が減少したことも，EU 委員会の「Japan」

---

173 Japanese Government Statistics Bureau, Chapter 11 Trade, k-lenz.de/1121.

第7節 「砂漠共同体」(Desert Energy Community) の提案　175

ウェブページで指摘されている (「Trade figures have become much more balanced recently」)[174]。

しかし、なお日本はEUより輸出額が大きいことを前提に検討すると、日本・EU間で関税を減額・廃止する政策は、EUより日本に有利に働くことになる。従って、原則として、FTAの成立について日本の利益がEUの利益より大きいことになる。そのため、EUで本件FTA交渉に対する消極的な意見が出やすい。

そのため、FTAそれ自体について迅速な進歩を確保することが困難となる可能性がある。

この利益関係を背景に、モンゴルのゴビ砂漠での大規模再生可能エネルギー問題を交渉課題にすることは、いくつかの理由で有意義と思われる。

第一、本件計画は、日本・EUの長期的エネルギー供給安定、大規模の地球温暖化対策、東アジア地域の平和維持という極めて重要な目的に貢献できる。これらの3つの戦略的目的は、日本・EU両方の最優先目的である。また、そのいずれでも、利益関係が対立することなく、両方の利益が共通している。従来のEUと日本の綿密で良好な関係の延長線として理想的な計画である。

韓国とEUの間には既に1,343ページにもおよぶ包括的なFTA[175]が成立している。このFTAが2011年7月に発効しているため、現状では日本の産業がEUの市場で韓国の競争相手と比べて不利である。できれば、早期に解消したい不利益が存在するが、日本との包括的FTAが基本的にEUの貿易利益に反するため、交渉が困難となる可能性もある。

その場合、アジアで大規模な再生可能エネルギー計画を迅速に立ち上げる、交渉が比較的成立しやすい話題を取り入れることにより、早期の部分的合意を達成することにより、FTA交渉それ自体にも勢いを付けることは、

174　EU Commission, Japan, k-lenz.de/1122.
175　Council Decision of 16 September 2010 on the signing, on behalf of the European Union, and provisional application of the Free Trade Agreement between the European Union and its Member States, of the one part, and the Republic of Korea, of the other Part, Official Journal of the European Union L 127 Volume 54, 14 May 2011, k-lenz.de/m050.

戦略的に有意義である。

ドイツ政府も EU 委員会も北アフリカ・中東の Desertec 計画を支持している点も，アジア版の Desertec 計画について EU と日本の協定を成立させるには，有利な要因である。

3.「砂漠共同体」協定の内容：市場アクセス

砂漠共同体協定を交渉する際には，一定の項目は当然に含む必要がある。ここでは「市場アクセスの保障」について検討する。

EU は 1999 年以来，電力市場の自由化政策を実施した。今は，関連する立法は欧州議会および閣僚理事会の指令 2009/72/EC に含まれている[176]。

その指令の理由の第 1 項は，電力に関する域内市場の目的を以下のように述べている：

「The internal market in electricity, which has been progressively implemented throughout the Community since 1999, aims to deliver real choice for all consumers of the European Union, be they citizens or businesses, new business opportunities and more cross-border trade, so as to achieve efficiency gains, competitive prices, and higher standards of service, and to contribute to security of supply and sustainability.」

すなわち，消費者の選択肢の増加，新たな経済活動の機会，国境を超える貿易の増加，効率の増加，競争的な値段，より良いサービス水準，供給の安定・持続可能なエネルギー供給，という目的を述べている。これらの目的は自然であり，「Asia Super Grid」の発想を実現して国境を超える貿易を目指す理由も，同様に説明できる。さらに，理由の 5 項で，以下のように要約されている：

「A secure supply of electricity is of vital importance for the devel-

---

[176] Directive 2009/72/EC of the European Parliament and of the Council of 13 July 2009 concerning common rules for the internal market in electricity and repealing Directive 2003/54/EC, k-lenz.de/1126.

第7節 「砂漠共同体」(Desert Energy Community) の提案　177

opment of European society, the implementation of a sustainable climate change policy, and the fostering of competitiveness within the internal market. To that end, cross-border interconnections should be further developed in order to secure the supply of all energy sources at the most competitive prices to consumers and industry within the Community」。

「欧州社会の発展・持続可能な気候変動対策の成立・域内市場での競争力の増加には，安定した電力供給が不可欠である。そのため，国境を超える電線は，更に強化する必要がある」との説明である。それらの目的を達成するために，指令は理由の4項で，次のように述べている：

「However, at present, there are obstacles to the sale of electricity on equal terms and without discrimination or disadvantages in the Community. In particular, non-discriminatory network access and an equally effective level of regulatory supervision in each Member States do not yet exist."」。

すなわち，差別なく電力系統へのアクセスが保障されていないので，問題が残っている。当然ながら，電力を販売するためには，電力系統への接続が必要である。従来の事業者がその接続を阻止できる場合，国境を超える貿易の障壁が生じる。当該障壁は排除しなければならない。

さらに，電力系統の経営者と発電事業者の関係が問題となる。本件指令は，これらの機能を分離することを要請している。原則は，理由の9項で以下のように説明されている：

「Without effective separation of networks from activities of generation and supply (effective unbundling) there is an inherent risk of discrimination not only in the operation of the network but also in the incentives for vertically integrated undertakings to invest adequately in their networks」。

すなわち，本件分離を実施しないと，従来の事業者による差別のリスクが生じる。新規事業者を系統運営の際に差別するリスクも，系統に必要な投資

をしないリスクも指摘されている。

　日本は，2013年1月現在で，まだ世界的にほとんど過去のものになったような政策を採用している。今でも，発電業者は電力系統も運営している。そのことは，どっちみち改正する必要がある。民主党政権時で2012年9月に閣議承認された「革新的エネルギー・環境戦略」[177]は16頁に，次のように述べている：

「発電部門と送配電部門を，機能的又は法的に分離する。これにより，再生可能エネルギーやコジェネを含むあらゆる事業者に対し，送配電網を中立・公平に開放する。」

　その点は，2012年12月の選挙による政権交代でも，変わらないと思われる。自民党のエネルギー政策に関する選挙公約[178]を見ると，次のようになっている：

「電力卸市場への事業者の新規参入を促進し，競争環境の中で消費者が電気料金を選択できるようにします」。自民党政権でも，自由化の期待がある。

　しかし，「砂漠共同体条約」がまず要求することは，自由な市場である。特に，送電業者の中立がないと，困る。

　この点は，インターネットの発展にも不可欠であった。インターネットは中立である（net neutrality）[179]。誰でも，好きなように機器を接続できる。この原理は重大であり，電力系統にも摘要する必要がある。

　この原理は，本件指令の9条に，次のように規定されている：

「"Article 9"

"Unbundling of transmission systems and transmission system operators

"1. Member States shall assure that from 3 March 2012:

"(a) each undertaking which owns a transmission system acts as a transmission sytem operator;

177　官邸で掲載，k-lenz.de/k156.
178　自民党，日本を取り戻そう，199項，k-lenz.de/m047.
179　Wikipedia, Net neutrality, k-lenz.de/m051 参照。

"(b) the same person or persons are entitled neither:

(i) directly or indirectly to exercise control over an undertaking performing any of the functions of generation or supply, and directly or indirectly exercise control or exercise any right over a transmission system operator or over a transmission system; nor

(ii) directly or indirectly to exercise control over a transmission system operator or over a transmission system, and directly or indirectly to exercise control or exercise any right over an undertaking performing any of the functions of generation or supply;」

すなわち，EU 加盟国は，2012 年 3 月 3 日まで，発電と送電を分離する義務が制定された。利益相反の可能性を排除し，競争原理を徹底する原理である。この原理は，「砂漠共同体条約」に含まなければならない第一の原理である。

さらに，新規事業者が電力系統に自由に接続できる原理も必要である。本件指令 32 条 2 項は，この現代の電力市場に不可欠な考えについて，以下のように規定している：

「2. The transmission or distribution system operator may refuse access where it lacks the necessary capacity. Duly substantiated reasons must be given for such refusal, in particular having regard to Article 3, and based on objective and technically and economically justified criteria. The regulatory authorities where Member States have so provided or Member States shall ensure that those criteria are consistently applied and that the system user who has been refused access can make use of a dispute settlement procedure. The regulatory authorities shall also ensure, where appropriate and where refusal of access takes place, that the transmission or distribution system operator provides relevant information on measures that would be necessary to reinforce the network. The party requesting such information may be charged a reasonable fee reflecting the cost of providing such information.」

すなわち，電力系統の経営者は，技術的な正当な理由がない限り，系統への接続を拒否できない。また，当該判断については，行政庁の監督を受ける，との原理である。

現在，日本では新規事業者が電力系統への接続の権利を有しない。特に，外国での発電については，そうである。しかし「砂漠共同体」の発想は，基本的にゴビ砂漠で発電するエネルギーでアジア全体の需用を賄うところにあるので，当然ながら，モンゴルで発電されたエネルギーを日本国内市場で売る権利を国際条約・国内法で整備する必要がある。

この原理は，系統の中立 (net neutrality) より重要である。仮に日本の市場で電力系統運営者が，しばらくの間に選手と審判の役割を兼ねることが許されるとしても，国境を超える電力の販売が許される限り，利益相反による弊害が少ない。

国境を超える自由な電力市場の第三基本原理は，消費者への販売の自由である。この原理は，本件指令33条1項で規定されている：「Market opening and reciprocity

1. Member States shall ensure that the eligible customers compromise:

(a) until 1 July 2004, the eligible customers as specified in Article 19 (1) to (3) of Directive 96/92/EC. Member States shall publish by 31 January each year the criteria for the definition of those eligible customers;

(b) from 1 July 2004, all non-household customers;

(c) from 1 July 2007, all customers.」

すなわち，東京電力のような従来業者に市場の一部を独占して確保するような市場アクセスの制限は，EU ですでに5年前に完全に廃止された。

まとめてみると，「砂漠共同体条約」は，国境を超える電力の供給について，発電と送電の分離，電力系統への接続の権利，残るすべての独占の廃止，という3つの政策により，市場へのアクセスを確保する必要がある。誰

にも，公正な競争の上に，消費者に電力を売る権利を認める必要がある。

市場へのアクセスを制限することは，通信業界でも適切ではなかった。通信分野では，日本が既に世界の水準に追いついたが，電力分野でも，同様である。日本は，古い規制を改正して，前進を可能とすべきである。

4.「砂漠共同体」協定の内容：投資保護

すでに述べたように，地球温暖化に影響のある程度の投資の必要な額は，兆ドル規模である。

この投資のすべてを税金で賄うことは無理である。大部分は，民間投資家に依存する必要がある。

投資家の関心は，基本的に2点にある。利益はどの程度か，リスクはどの程度か，の2点である。

国債に払われる利息を見て簡単に理解できるが，これらの2点は関連している。リスクの高い投資は，より高い利息を払う必要がある。ドイツは，ギリシアより少ない利息で国債を発行できる。

そのため，アジア版 Desertec 計画が安定した投資であればあるほど，必要な利息が減ることになる。ソーラー発電・風力発電の場合，このことは1kWh 当たりの電力単価に特に強く響くことになる。燃料費がゼロであり，費用のほとんどは最初の設備費用となる。その設備に投資する元本の利息が，設備の単価より最終電力単価を下げる可能性がある。

利息を下げるためには，投資の安全性を確保する必要がある。しかも，評価機関から高い「投資に適した」（investment grade）の評価[180]を受けなければならない。

しかし，残念ながら，モンゴルは外国の投資を受け入れて問題なく運用する環境を整備した長い実績がない。むしろ，数少ない今までの投資家に対する裏切り行為の連続で，全く信頼できない評価が適切だと思われる。特にOyu Tolgoi 鉱山計画については，度重なる約束違反により，元よりないモ

---

180 Wikipedia, Bond credit rating, k-lenz.de/m074.

ンゴルへの信頼を破壊する行動を選択している[181]。

そのため，投資に不可欠な信頼は，どのように確保できるか，との問題が生じる。国際投資の保護の問題である。

この問題は，特に新しい問題ではない。既存の様々な制度枠組みで，その問題をある程度，解決できる。Peter D. Cameron 教授は，特にエネルギー部門における国際投資保護について，500 頁の書籍[182]を書いた。

Cameron 教授が詳細に検討しているとおり，すでにエネルギー部門で国際投資を保護する条約が整備されている。「Energy Charter」という条約であるが，日本・モンゴル・EU はすべて加盟している。

この条約は，二カ国間投資保護条約をモデルとする投資保護制度を整備している。投資家は，投資先国による収用に対する保護を受ける。条約が整備する保障に対する侵害がある場合，投資家は，国際仲裁を開始できる。2001年以降，本件条約により，すでに20件以上の仲裁事件がある[183]。ドイツに対する仲裁も最近に開始された。Vattenfall 社は，ドイツの原発廃止によって被る損害の補償をドイツに請求している[184]。

したがって，単に国際仲裁を可能とすることが目的なら，「砂漠共同体条約」は，特に規制を整備する必要がない。その目的はすでに達成されている。

しかし，より強力な保護制度も，検討すべきである。

仮に，本件条約が制定され，それに基づいて大規模なソーラー投資が実施された，と想定する。さらに，2023 年にモンゴル議会が租税法を改正して，ソーラー発電に対する「特別利益税」（windfall tax）を導入し，当該税金負担により，発電が大赤字になる，と想定してみる。

実際，Oyu Tolgoi 鉱山計画については，モンゴル議会は 2006 年に正に

---

181 Lenz, Genghis Bond Renegotiation, 2012 年 12 月 5 日ブログ発言 k-lenz.de/m052.
182 Cameron, International Energy Investment Law, The Pursuit of Stability, Oxford University Press, 2010.
183 Cameron, 160.
184 Bernasconi-Osterwalder and Hoffmann, The German Nuclear Phase-Out Put to the Test of International Arbitration? Background to the New Dispute Vattenfall v. Germany (II), 2012, k-lenz.de/m053.

第 7 節 「砂漠共同体」（Desert Energy Community）の提案　183

このように行動した[185]。次の日，投資家の株価が 21% 減少した。投資家は大損となる計算である（massive haircut）。また，2012 年にも，モンゴル議会は同様の政策を決定し，明らかに投資家との投資契約を侵害した[186]。また，在モンゴルのアメリカ大使館の最近の報告書を見ても，モンゴル政府の多くの政策が投資家の重大なリスクを伴う[187]。最も酷いものは，モンゴル国民と外資投資家の訴訟で，モンゴルの裁判官が常にモンゴル国民を勝たせる判決を下す，との報告[188]，およびビザ制度の乱用で，外資関係者がモンゴルからの出国さえ認められないリスク[189]などがある。とても安心して投資できる国ではないことが，明白である。

同様な問題がアジア版 Desertec 計画についても発生する可能性は，モンゴルのこの芳しくない実績からみて，当然に配慮する必要がある。そうなった場合，「国際仲裁の開始」となる救済方法は，投資家に高い訴訟費用および不透明な成功の見込みに関する判断を要求することになる。より充実した保護制度を整備できる。

その制度は，モンゴルと異なって信頼できる機関による保障である。世界銀行枠組み内では，MIGA という名称で，以前から発展途上国における投資に対する保証を実施した。

MIGA とは，「Multilateral Investment Guarantee Agency」の略で，1988 年に設立された。2011 年の保障総額は 21 億ドル程度であった[190]。

確かに，世界銀行本体も地球温暖化問題に真剣に取り組むようになったこと[191]を背景に，MIGA も最近，再生可能エネルギー投資に力を入れている[192]。

185　CBCNews, Ivanhoe 'surprised' by new Mongolian windfall tax, k-lenz.de/1127.
186　Lenz, Mongolia Violating Oyu Tolgoi Agreement, 2012 年 10 月 22 日ブログ発言, k-lenz.de/s002.
187　US Embassy in Ulaanbaatar Mongolia, 2013 Mongolia Investment Climate Statement, 2013 年 1 月 15 日, k-lenz.de/m060.
188　Investment Climate Statement, 29.
189　Investment Climate Statement, 16-17.
190　Wikipedia, MIGA, k-lenz.de/m054.
191　World Bank, Climate Change Report Warns of Dramatically Warmer World this Century, 2012 年 11 月, k-lenz.de/k198.
192　MIGA, Powering Up, Cleanly, 2012 年 11 月 29 日, k-lenz.de/k200.

しかし，その規模は未だ不十分である。アジア版 Desertec の初段階では有意義とも思われるが，規模が地球温暖化に影響を及ぼす程度に増加すると，現在の MIGA では足りない状況である。2012 年の再生可能エネルギー投資総額は，2,687 億ドルを記録した（2011 年比 11％減）[193]。MIGA の全分野（エネルギーだけを対象としているわけではない）の保障総額は，その総額の 1％未満である。Liebreich が説明しているように，「The World Bank's Multilateral Investment Guarantee Agency (MIGA) may have a role to play here, but it would need to scale up very considerably from its currently modest level of business」[194]。すなわち，MIGA はある程度貢献できるが，現在の小規模の運営から大幅に拡大する必要がある，と。

従って，MIGA をモデルに，リスク保障の仕組みを「砂漠共同体条約」に含むべきである。モンゴル政府の収用行為があった場合，投資家が先に EU・日本から補償を受け，EU・日本は当該金額をモンゴルに請求して求償する仕組みである。

Energy Charter などで既存の保障と比べて，投資家は国際仲裁を戦う負担が生じない。また，支払能力について疑問のない債務者による補償になる。

さらに，モンゴル政府にしては，収用行為は個人投資家との関係だけではなく，EU・日本との関係でも，同時に喧嘩を売ることになる。個人投資家より大幅に強い相手であるため，モンゴル政府の今後の無責任な信頼破壊行為に対する牽制効果も期待できる。特に現在のように，モンゴルが貧しい国で，EU・日本からの無償資金を期待している間には，そのことは言える。

勝手に収用行為をした時点で，それ以降の EU・日本からの金銭的援助がなくなるからである。

ここでは，モンゴル政府に対する失礼な発言もした。信頼できないからこそ，本件保障は投資家を集めるため不可欠である。しかし，この失礼な発言は，モンゴルの国益につながるはずである。すなわち，兆ドル規模のゴビ砂

---

[193] Bloomberg New Energy Finance, New Investment in Clean Energy Fell 11% in 2012, 2013 年 1 月 14 日, k-lenz.de/m055.

[194] Liebreich, Towards a Green Climate Finance Framework, 2011 年 9 月 1 日, k-lenz.de/m056.

漠での再生可能エネルギー計画が実施できれば，当然ながらモンゴル経済の成長には極めて有利に働く。しかし，現状の投資家冷遇では，その民間投資を集めることは，不可能である。

また，地球温暖化という危機的な状況を克服する緊急課題があるので，遠慮なく発言する必要がある。

「砂漠共同体条約」のように，Oyu Tolgoi の場合と異なり単なる民間業者との投資契約（Investment Agreement）[195] ではなく，条約の形で計画の基本を定めることは，モンゴル政府が本件の歴史的な計画を積極的に応援する意思表示の意味もある。場合によって，モンゴル政府の予算の投入も，条約の内容とする必要がある。本件エネルギー企画は，モンゴル国内の電力を賄う，モンゴル国内の雇用促進などの効果も予測されるため，最近 Genghis Bond [196] などで国債を発行して資金を調達するモンゴルも，多少の投資ができる。

モンゴル政府，その他の政界関係者の明白な支援があれば，その分，規制の不備などから生じる上記リスクも，軽減できることになる。

5. Green Climate Fund 枠組みの公的資金投入

地球温暖化に対する国際取組についての交渉は，必ずしも十分に進歩していない。現在は，特に排出量が最大である中国とアメリカについて，条約による削減義務が未整備である。但し，中国は任意的に「GDP 単位当たりの CO2 排出を 2020 年までに 2005 年水準と比較して 40-45％削減し，化石燃料以外のエネルギー供給を 2020 年までに 15％まで伸ばし，2005 年水準比で森林面積を 4,000 万ヘクタール増加させ，森林を 13 億立法メートル増加させる」ことを約束した（Nationally appropriate mitigation action, NAMA）[197]。

また，アメリカも同様に，2020 年までに 2005 年比で CO2 排出を 17％削

---

[195] Investment Agreement, k-lenz.de/1067.
[196] Lenz, Bond, Genghis Bond, 2012 年 11 月 27 日ブログ発言, k-lenz.de/m061.
[197] Su Wei, Director General, Department of Climate Change, Letter to Yvo de Boer, 2010 年 1 月 28 日, k-lenz.de/m057.

減する目標を報告した[198]。

　最大の排出量の中国・アメリカは法的拘束力を伴う義務が未整備だが，「Green Climate Fund」という仕組みは，整備された。

　先進国は，早い段階から化石燃料を多く使用した結果，著者も含む先進国の最近50年の国民は，人類の歴史に例がない豊かな生活ができた。その分，CO_2排出による地球温暖化について，責任が生じる。そのため，先進国はその富の一部を発展途上国における地球温暖化対策のために提供すべきである。

　具体的に，2020年まで，先進国は年間1,000億ドル規模の地球温暖化対策資金を出すことが，合意された[199]。

　この1,000億ドルは，すべてゴビ砂漠での再生可能エネルギー計画に投資されるはずもない。仮に全額がこの計画に流れても，なお，必要な投資の10%程度になる。

　しかし，計画の最初の20年間において，この財源からの援助も，検討に値すると思われる。

　「砂漠共同体条約」を議論する際，EU・日本が各自に資金の提供を約束する場合，当該資金は，当然ながら「Green Climate Fund」枠組み内の先進国の責任として出すべき資金に参入されることになる。その分，ある程度の資金提供の約束を，本件条約枠組みに取り入れることは，成立しやすい。

　Liebreichの分析[200]によると，先進国は税金を財源に年間1,000億ドルも出す可能性が低い。彼の考えでは，この投資の大半は，民間投資者から出なければならない。

　私は，その点については，賛成でない。確かに，1,000億ドルは金額として高いようにも見える。しかし，先進国の人口を10億人程度と推定した場合，1人当たり100ドルの計算となる。1万円未満の金額は，地球温暖化の極めて深刻な被害を考えて，決して高いとはいえない。2020年まで毎年，

198　Todd Stern, U.S. Special Envoy for Climate Change, Letter to Yvo de Boer, 2010年1月28日, k-lenz.de/m058.
199　Wikipedia, Green Climate Fund, k-lenz.de/m059.
200　Liebreich, Towards a Green Climate Finance Framework, 2011年9月1日, k-lenz.de/m056.

地球温暖化の被害がより明確になることも予測される。「年間1,000億ドル」程度の約束を破る場合ではない。

但し，Liebreichの意見に賛成のところもある。確かに，税金よりは，民間投資家の予算が豊かにある。Liebreichが説明しているとおり，民間投資家の様々なファンドの合計金額は，100兆ドル規模である。この投資総額の0.1％は，Green Climate Fundの年間規模（1,000億ドル）である，という計算になる。

1,000億ドル全額を税金予算から用意する上に，その何倍も民間投資から集める必要がある。そのために，投資家の確実な保護が不可欠である。各種評価機関から「AA」以上の評価を受けることができなければ，Liebreichが指摘する100兆ドルの投資予算の一部を確保することは，無理である。

仮に予算を確保できる場合，その使い方の1つは，Deutsche Bankが数年前から研究して提案した「GET FiT」方式[201]である。「砂漠共同体条約」で定めるべき点の1つである。

「GET FiT」とは，「Global Energy Transfer Feed-in Tariff」の略である。「Feed-in Tariff」とは，ドイツで極めて短期間にソーラーなど大量設置できた原因の規制で，再生可能エネルギーを一定の単価で買い取る制度である。モンゴルも，その政策を実施している[202]。しかし，モンゴルの経済力を考えると，この制度の枠組み内で大きな砂漠計画の予算を確保することは，不可能である。

そこで「GET FiT」の発想では，先進国の税金予算で，発展途上国の買取制度を援助することを提案している。モンゴルについてその発想を考えると，再生可能エネルギー発電と市場単価の差額について，電力消費者・モンゴル政府・先進国が共同で負担し，さらにリスクに対する保険の仕組みを整

---

201 Deutsche Bank Climate Advisors, GET FiT Program, Global Energy Transfer Feed-in Tariffs for Developing Countries, 2010年4月, k-lenz.de/m063; Deutsche Bank Climate Advisors, GET FiT Plus, Derisking Clean Energy Business Models in a Developing Country Context, 2011年4月, k-lenz.de/m064; Lenz, GET FiT, 2012年1月10日ブログ発言, k-lenz.de/m065.

202 Lenz, Mongolian feed-in tariff law, 2012年3月17日ブログ発言, k-lenz.de/m062.

備する。

6. 日本・モンゴル経済連携協定（EPA）交渉

　モンゴルの Batbold 前首相は，2012 年 3 月に日本を訪問した。その際，日本・モンゴル FTA 交渉が最大の話題となった。

　この問題は，以前から検討された。基本的には，モンゴルは FTA 締結に関心があるが，日本の外務省関係者は忙しい。モンゴルから日本への輸出は，2006 年現在 7 億円程度しかなく，逆の方向の貿易も 70 億円程度しかなかった[203]。この程度では，外務省の優先課題にはならない。

　しかし，兆ドル規模の計画で，地球温暖化対策，日本のエネルギー供給の安定，東アジアでの平和の維持に貢献できる問題が話題となれば，優先度が多少高くなると思われる。同時に日本の利益にある EU との FTA の成立にも貢献できる。

　従って，私の研究の結論として，日本・モンゴルに「砂漠共同体条約」を締結することを提案したい。EU は，後に加盟すればいい。

　EU との交渉と比較して，伝統的に良好な関係にあるモンゴル一か国との交渉のみで済むので，より簡単に結論を出すことが可能だと思われる。

　日本とモンゴルの外交 40 周年を機会とした Batbold 前首相の日本訪問の結果，野田前総理大臣との首脳会談の結果について，共同声明が公開された[204]。FTA 交渉の開始について，以下のように述べた：

「Reaffirming the desire of further strengthening and developing their economic and commercial relations on the basis of mutual benefit, coupled with the celebration of the 40th anniversary of diplomatic relations between Mongolia and Japan, the two leaders hereby decided that the governments of the two countries should

---

[203] 岩田，日本―モンゴル FTA，環境保全 FTA 形成の可能性と課題，貿易と関税 2007, 2, 29.
[204] Japanese Ministry of Foreign Affairs, Joint Announcement on the initiaion of negotiations for establishing the Mongolia−Japan Economic Partnership Agreement by the Mongolian and the Japanese Prime Ministers, k-lenz.de/1141.

enter into negotiations on the Mongolia－Japan Economic Partnership Agreement as soon as possible.」

すなわち，EPA 交渉をできるだけ早期に開始する，との声明内容である。交渉の内容については，直接に触れていない。しかし，以前の共同研究会の結果を引用している。

「Furthermore, recalling the establishment of a Joint Study Group for Mongolia－Japan Economic Partnership Agreement, members of which were comprised of delegates from business, academic and government circles, the two leaders recognized the discussions and achievements made therein, and welcomed the Report of the Joint Study Group completed in March, 2011.」

この共同研究会の報告は，インターネットに掲載されている[205]。ゴビ砂漠からの大規模再生可能エネルギーについては，特に触れていない。単に，エネルギー分野について，以下のように述べて，投資環境の改善を呼びかけている：

「(1) Both sides expressed interest in developing a mechanism for stable supply and improvement of business climate in the areas of energy and mineral resources with a view to having transparent and consistent rules / regulations in order to promote investment in particular.」

その後，交渉は実際に開始され，最後に第 2 回目の交渉が 2012 年 12 月に東京で開催された[206]。

別状，日本とモンゴルは，2013 年 1 月 8 日に「Low Carbon Development Partnership Agreement」となる協定を署名した[207]。「Joint Credit Mechanism」（共同削減仕組み）について，共同の委員会を設置する内容の協定

---

[205] Japanese Ministry of Economy, Trade and Industry, The Joint Study Group Report on Japan－Mongolia Economic Partnership Agreement (EPA), k-lenz.de/m066.
[206] 経済産業省，日・モ経済連携協定（EPA）交渉第 2 回会合が開催された，2012 年 12 月 14 日発表，k-lenz.de/m067.
[207] Lenz, Low Carbon Development Partnership Agreement between Japan and Mongolia, 2012 年 1 月 8 日ブログ発言，k-lenz.de/m068.

である。逆に，具体的に「ゴビ砂漠で再生可能エネルギー計画を実施する」のような実質的な内容がこれからの課題となる。

　しかし，この共同検討の枠組みが整備されていることは，今後の検討に有意義に働く可能性もある。

〔カール・レンツ〕

執筆者紹介 （執筆順）

岩田伸人　(Iwata Nobuto)　いわた　のぶと　第1章，第3章
　　青山学院大学教授

松岡克武　(Matsuoka Katsutake)　まつおか　かつたけ　第2章
　　青山学院大学総合研究所特別研究員

櫻井雅夫　(Sakurai Masao)　さくらい　まさお　第4章
　　青山学院大学総合研究所客員研究員

カール・レンツ　(Karl-Friedrich Lenz)　第5章
　　青山学院大学教授

日本・モンゴルEPAの研究
―鉱物資源大国モンゴルの現状と課題―　青山学院大学総合研究所叢書

2013年3月31日　第1版第1刷発行　　　　　　　　検印省略

編著者	岩　田　伸　人
発行者	前　野　　弘
発行所	東京都新宿区早稲田鶴巻町533 株式会社　文　眞　堂 電話　03（3202）8480 FAX　03（3203）2638 http://www.bunshin-do.co.jp 郵便番号（162-0041）振替00120-2-96437

製作・モリモト印刷
© 2013　青山学院大学総合研究所
定価はカバー裏に表示してあります
ISBN978-4-8309-4796-4　C3033